AF305987

Mlle Claudine THÉVENET

Mère Marie Saint-Ignace

BIBLIOTHÈQUE NATIONALE

R.F.

IMPRIMÉS

DÉPÔT LÉGAL

NIHIL OBSTAT :

L. PICARD
Can. titularis
Censor.

IMPRIMATUR :

Lugduni die 16 Julii 1923

A. ROUCHE, *vic. gén.*

La Servante de Dieu

Mère MARIE SAINT-IGNACE

(Claudine THÉVENET)

FONDATRICE

DE LA

Congrégation des Religieuses de Jésus-Marie

née à Lyon le 30 mars 1774,

morte en odeur de sainteté à Lyon le 3 février 1837

LYON

Imprimerie Emmanuel VITTE

18, rue de la Quarantaine

1928

DÉCLARATION

Conformément au décret du pape Urbain VIII nous n'entendons pas devancer les décisions de la Sainte Église dans les expressions de *miracle* et de *sainte* qui se rencontreront au cours de cet opuscule.

S'IL *fallait mettre une épigraphe à la vie brièvement résumée en ces quelques notes, nulle, croyons-nous, ne conviendrait mieux que ces paroles laissées par Notre-Seigneur en modèle et en exemple à ses disciples et à tous ceux qui veulent marcher à sa suite sur le chemin du ciel :* « Apprenez de moi que je suis doux et humble de cœur. »

La Servante de Dieu dont nous retraçons l'histoire, consacra tous ses jours à parfaire en elle cette ressemblance avec le divin Maître.

Un cœur de Dieu, une douceur et une humilité infinies, tel fut Notre-Seigneur sur la terre ; un cœur de mère, une bonté inépuisable, une humilité parfaite et qui semble se prolonger après la mort, telle fut Mlle *Thévenet, d'abord présidente de l'association des Saints-Cœurs, puis Directrice de la Providence qu'elle venait d'établir, puis fondatrice et première supérieure de la Congrégation de Jésus-Marie.*

J. L.

Vrai portrait

DE LA

Révérende Mère Marie Saint-Ignace

(Claudine Thévenet)

Fondatrice de la Congrégation de Jésus-Marie.

Sa devise : Louer à jamais Jésus et Marie.
Son idéal : Former des âmes pour le ciel.
Son grand attrait : Disparaître,
                    S'effacer,
                          S'anéantir....

CHAPITRE PREMIER

NAISSANCE. JEUNESSE.
ANNÉES DE PRÉPARATION (1774-1816).

Marie-Claudine Thévenet, deuxième de sept enfants, naquit à Lyon le 30 mars 1774, dans un de ces milieux où la foi chrétienne apportée par saint Pothin est demeurée comme un signe distinctif de la race, et sa noblesse. Aussi dès le lendemain de sa naissance, le 31 mars 1774, on la porta à Saint-Nizier, paroisse de ses parents, pour lui faire conférer le sacrement et la grâce du Baptême.

Son père, M. Philibert Thévenet, et sa mère, Mlle Antoinette Guyot de Pravieux appartenaient à ces très honorables familles lyonnaises qui constituaient le fond solide de la cité et contribuaient par le commerce de la soie à la prospérité des habitants. Mais sérieusement chrétiens, leur grande préoccupation était d'imprimer profondément dans le cœur et l'âme de leurs enfants, le sens et la pratique de la vie chrétienne. Du reste, eux-mêmes considéraient comme devoir essentiel de donner l'exemple des vertus, en même temps qu'ils les inspiraient.

Aussi, malgré des revers considérables subis à l'époque de la Révolution, malgré les restrictions qu'ils durent s'imposer, une seule chose ne fut pas soumise à ces restrictions : leur charité.

Claudine eut donc tout de suite sous les yeux ces leçons vivantes de la plus sublime des vertus, et sa vie tout entière se ressentira de cette orientation première, et sera dominée par l'esprit de charité.

Peu de détails sur son enfance ; peut-être pourrait-on dire simplement qu'elle « croissait en âge et en sagesse ». Cependant, les souvenirs que l'on a pu réveiller la représentent comme très aimée parce que très bonne et très humble, car la vraie bonté, c'est-à-dire, l'exemption de tout égoïsme, ne va guère sans sa petite sœur l'humilité. Et dans sa famille, on l'appelait : « la petite violette » celle qui se cache, mais dont la douce influence s'impose comme un parfum, et c'est ainsi qu'elle exerçait sur ses frères un ascendant volontiers accepté par eux.

Elle fut pendant quelques années pensionnaire chez les Dames Bénédictines de l'abbaye de Saint-Pierre. Elle reçut là, de la chanoinesse à laquelle elle fut confiée, toute la culture et la formation qu'on donnait alors aux jeunes filles de sa situation : histoire, littérature, couture et broderie.

Mais surtout on lui inculqua le sens de l'organisation pratique et un amour de l'ordre et du soin de toutes choses, qualités qui présideront plus tard à la grande œuvre pour laquelle Dieu la réservait.

A 19 ans, elle connut les horreurs de la Révolution qui fit plusieurs victimes dans sa famille. Deux de ses frères, Louis et François Thévenet, indignés des sanglantes injustices par lesquelles commençait à se manifester la Terreur, s'enrôlèrent courageusement dans l'armée du général de Précy qui essayait de défendre la liberté de Lyon contre les 60.000 Jacobins du farouche Dubois de Crancé.

Le père, M. Thévenet, était absent, étant allé mettre ses plus jeunes enfants à l'abri et n'ayant pu rentrer dans une ville investie. Claudine Thévenet, jeune fille, se montre alors dévouée jusqu'à l'héroïsme.

A la faveur d'un déguisement, elle va elle-même, ange consolateur, visiter en prison ses deux frères, dénoncés et trahis, et qui allaient payer de leur vie le crime d'avoir pris les armes pour protéger leur cité. Elle affronte la grossièreté des guichetiers pour porter aux deux condamnés des vêtements et des provisions qu'ils partagent avec un prêtre infirme, prisonnier comme eux, et qui reçut leur dernière confession. Déjà avant l'incarcération de ses frères, plusieurs fois, et sous divers déguisements elle avait pénétré dans les prisons, se proposant par ce moyen de soulager les prisonniers, et même de leur sauver la vie.

Le jour de l'exécution de ses frères, héroïque, comme au pied d'une croix, elle les accompagne dans leur montée au Calvaire, reçoit d'eux une lettre touchante pour leur mère, peut recueillir la dernière parole de l'un d'eux : « Tiens, Cladie, pardonne comme nous pardonnons », et enfin supporte la suprême et plus forte douleur, celle de voir ses frères bien-aimés achevés à coups de crosse par des brutes.

Elle se retira emportant dans son cœur le conseil de pardon, mais ces scènes de sauvagerie la frappèrent si vivement que peut-être en ce moment naquit en elle le désir de faire du bien aux égarés que l'ignorance et l'éloignement de Dieu conduisaient à de tels excès.

Vague ébauche de vocation où s'esquissait, déjà bien qu'imprécise, la volonté de se consacrer à l'éducation chrétienne de l'enfance, pour que cet élément grandi dans la foi, remette la France dans son chemin et sa destinée de Fille aînée de l'Église.

Chargée de pardonner, Claudine pardonna, et ne fit pas punir ceux qui avaient dénoncé ses frères, mais à partir de ce moment, entrant en plein dans sa vie de dévouement et de charité, tout en restant la consolation de son père, de sa mère et de ses plus jeunes frère et sœurs avec qui elle vivait, elle consacra tout son temps, toutes ses forces, tout son patrimoine, aux œuvres de zèle et de charité, au moyen desquelles Dieu l'aiguillait vers son œuvre définitive.

Une vingtaine d'années se passèrent ainsi dans l'exercice de la charité et de l'humilité qui furent les vertus de choix de Claudine Thévenet.

CHAPITRE II

L'ASSOCIATION DES SAINTS-CŒURS DE JÉSUS ET MARIE (1816).

C'EST après ce long apprentissage et noviciat de la charité que Dieu inspira à Claudine Thévenet l'idée de faire en commun avec quelques amies le bien que chacune faisait de son côté. C'était ajouter à l'exercice de la charité, la force du groupement et de l'édification mutuelle. C'était aussi un acheminement vers une fondation plus parfaite, Mais toujours le même désir la dirigeait, retirer de l'ignorance religieuse les enfants qui s'élevaient loin de Dieu dont, beaucoup, au lendemain de la barbarie révolutionnaire, ne connaissaient même pas le nom. Cette misère morale de l'enfance jointe souvent à la misère matérielle qui est aussi une des conséquences des époques troublées, l'attendrissait jusqu'aux larmes et avec ses pieuses amies, elle cherchait les moyens de remédier à de pareilles infortunes.

De son côté, un saint prêtre, M. André Coindre, missionnaire de Lyon et vicaire de la paroisse de Saint-Bruno, poursuivait le même but. Dieu voulut que se rencontrassent ces deux âmes bien faites pour s'entendre et agir de concert.

Un soir d'hiver, M. Coindre trouva deux fillettes en haillons, abandonnées sous le porche de Saint-Nizier. Son premier geste fut de les recueillir, mais que faire de ces deux enfants de trois à quatre ans?

Sa détermination fut rapidement prise. Avec son vivant fardeau, il gravit la colline des Chartreux, et déjà instruit de la charité de Mlle Thévenet, il alla droit chez elle lui confier ces petites abandonnées.

Émue de cet abandon et chrétiennement touchée de la ressemblance de ces pauvres petits êtres avec le divin Enfant de la Crèche, Mlle Thévenet n'hésita pas, elle les adopta et leur fit une large place dans la tendresse d'un vrai cœur de mère.

De cette rencontre de M. Coindre et de Mlle Thévenet, devait naître l'Association des Saints-Cœurs et la première petite Providence portant déjà en germe le futur Institut de Jésus-Marie (1).

---

(1) Annales de la Providence « Saint-Bruno ».

Quel fut l'initiateur? Quelle fut la part de l'un et de l'autre dans cette fondation? Dieu seul le sait, mais la petite association était fondée, et le 31 juillet 1816, après trois jours de retraite et de recueillement pendant lesquels M. Coindre leur communiqua les règlements et pratiques de la société, les huit premières agrégées furent reçues dans la chapelle de Saint-Bruno. Mlle Thévenet fut élue présidente ; Mlle Dupérieux secrétaire, et Mlle Genoud trésorière. La petite association prit le nom de « Association des Saints-Cœurs » (1).

En lui donnant un règlement, M. Coindre qui était le directeur spirituel de ces âmes d'élite voulait, disait-il, « non pas leur imposer « un joug pesant et monotone, mais procurer « plus efficacement leur progrès dans la vertu « et la plus grande gloire de Dieu, parce que « l'ordre nécessaire partout, est essentiel dans « une société qui peut devenir nombreuse, et « que celui qui vit selon l'ordre, vit selon Dieu. « Cette congrégation (2), ajoutait-il, dévouée à « la gloire de Marie, qu'elle prend pour mère et « pour protectrice, sous le titre de société en

____

(1) Regître des Assemblées.
(2) Toutes les fois qu'il s'agit du règlement, M. Coindre appelle la Société « Congrégation ».

« l'honneur des Saints-Cœurs, se propose :
« d'inspirer et ramener la dévotion envers Marie
« et d'honorer le Sacré-Cœur de son Fils adora-
« ble d'une façon spéciale, de se tenir fortement
« attachée à l'Église Romaine et de mourir
« plutôt que d'en abandonner la foi ».

Voilà le but ; et les principaux moyens sur lesquels la Congrégation fondait l'espoir de les atteindre, étaient :

1º La sanctification réciproque des ses membres par la pratique des vertus chrétiennes et des conseils évangéliques.

2º L'exercice des œuvres de charité envers le prochain (1).

Le Titre 2 du Règlement « Esprit de la Congrégation », laisse deviner l'empreinte personnelle de Mlle Thévenet, empreinte qu'elle marquera si profondément dans la future Congrégation de Jésus-Marie.

1º Chaque associée tâchera de faire toutes ses actions dans le but de plaire à Dieu, et par un principe de foi ; la joie du cœur, la liberté de l'âme, la confiance et la générosité sont les marques qui caractérisent les véritables servantes de Dieu.

---

(1) Règlement de la Congrégation, titre 1er, article 3e.

2º La charité qui unira entre elles toutes les associées, les portera à s'aider mutuellement de leurs conseils, à s'avertir de leurs défauts, à maintenir dans la Congrégation des Saints-Cœurs cet esprit d'union qui régnait parmi les premiers chrétiens.

3º Dans leurs rapports avec le prochain, elles observeront les règles de la prudence et de la discrétion ; et elles tâcheront par leur modestie et leur humilité d'être partout un objet d'édification.

L'analyse complète du Règlement sortirait du cadre de ce travail ; il est bon cependant d'en rappeler les grandes lignes et de montrer ainsi la sagesse et l'esprit qui présidèrent à sa conception et à sa rédaction.

Il divisait la Congrégation en quatre sections : 1º Section de « l'Instruction » : catéchismes aux enfants préparés à la Première Communion, aux grandes personnes que l'ignorance ou l'erreur tient éloignées de l'Église de Jésus-Christ ; achat et prêt de bons livres.

2º Section de l'« édification » : œuvres de persévérance et de fréquentation plus assidue des sacrements, orientation des âmes pieuses vers la Congrégation.

3º Section des « consolations ». Visites des

affligés considérés comme membres souffrants de Jésus-Christ ; réconforts spirituels aux mourants.

4° Section des « aumônes » : entretien des enfants dans les écoles chrétiennes ; refuges pour les meurtris de la vie, soulagements matériels aux pauvres et aux infirmes, création d'ouvroirs, placement des ouvriers ou domestiques.

Et comme devise planant sur tout cela, et mettant sans cesse devant le cœur des associées le divin modèle pour lequel et avec lequel elles travaillaient, la parole du Maître : « Apprenez de moi que je suis doux et humble de cœur. »

Et à cette grande leçon divine, le P. Coindre ajoutait pour terminer son règlement : « Ayez « sans cesse dans la mémoire cette sentence du « pieux auteur de l'*Imitation*: Aimez à être « ignorée et à être comptée pour rien. »

Charité et humilité, tout le règlement était là. Charité et humilité, c'est toute la vie de Mlle Thévenet.

CHAPITRE III

LA « PROVIDENCE »

Un an après sa fondation, le 21 juin 1817, la petite Association des « Saints-Cœurs » s'enrichissait de deux nouvelles recrues : Mlles Coindre et Pauline Jaricot furent proposées à l'assemblée, et reçues à l'unanimité. Les rapports très fidèles et très détaillés de la Présidente Mlle Thévenet nous signalent les faits qui intéressent la vitalité et la sanctification de la société. C'est ainsi que dans le rapport du 31 juillet 1818 (1), nous trouvons l'origine de « la Providence », œuvre dans laquelle Mlle Thévenet mit tout son cœur jusqu'à la fin de sa vie. Voici les termes mêmes de ce rapport : « Section d'édification. « Nous avons « cherché à faire entrer dans le devoir plusieurs « jeunes personnes qui s'en étaient écartées, et « à leur procurer du travail qui, en assurant leur « existence les mît à l'abri des dangers de l'oisi-

_____

(1) Regître des Assemblées.

« veté et de la misère : mais trouvant beaucoup
« de difficultés à les secourir chacune isolément
« et ne pouvant veiller à leur conduite comme
« nous le désirions, la Société loua le 1ᵉʳ août 1817
« dans le cloître des Chartreux, une cellule (1)
« où nous les avons réunies. Le premier mois
« elles n'ont fait qu'y coucher, mais ayant trouvé
« le moyen de leur procurer de l'ouvrage, la
« Société arrêta qu'elle chercherait quelqu'un
« pour les surveiller, qui fût en état de les ins-
« truire de leur religion, de former leur cœur
« à la vertu et de détruire les mauvaises impres-
« sions que plusieurs d'entre elles auraient pu
« recevoir de parents vicieux ; quelqu'un aussi
« qui fût en état de diriger leur ouvrage et de les
« perfectionner, et qui eût en même temps l'ordre
« et l'économie nécessaires pour tenir un ménage.
« La Société pensa qu'elle ne pouvait trouver la
« réunion de toutes ces qualités que dans les
« personnes qui se dévoueraient à cette œuvre
« avec la seule intention de plaire à Dieu. On
« aurait bien aimé que ce fût quelqu'un de la
« Société, mais cela étant impossible dans le
« moment, on y a placé, du consentement général

---

(1) Les cellules des Chartreux étaient des maisonnettes
composées de plusieurs petites pièces.

« de toute la réunion (celle du 9 septembre 1817),
« deux Sœurs de Saint-Joseph et nous n'avons
« qu'à nous féliciter de ce choix. Elles sont
« entrées dans la maison le 13 septembre 1817,
« jour auquel nous avons commencé à tenir le
« ménage. Dans les commencements, nous
« n'avions que sept ou huit enfants. Ce nombre
« s'est augmenté petit à petit et à présent il se
« monte à trente. Nous avions à cette époque-là
« peu de ressources, et lorsque nous avons fait
« la demande des Sœurs de Saint-Joseph, nous
« n'avions que 15 francs en caisse, mais soute-
« nues et encouragées par les conseils de celui
« qui veut bien nous diriger (le P. Coindre)
« nous mîmes toute notre confiance en la très
« sainte Providence et toutes nos espérances en
« Dieu qui n'abandonne jamais les œuvres qu'on
« entreprend dans la vue de lui plaire ; nous
« avons reçu d'abondantes aumônes et une seule
« personne nous donna 600 francs. Le but de la
« Société en formant cet établissement, qui à
« présent porte le nom de Providence du Sacré-
« Cœur, a été comme nous l'avons dit ci-dessus,
« de mettre de jeunes personnes à l'abri du
« vice et des dangers où les mauvais exemples
« auraient pu les entraîner. « Nous avons la
« consolation de voir que plusieurs répondent

« à ce que l'on fait pour elles et ont une piété
« véritable. Nous en avons huit qui ont fait
« leur Première Communion cette année, et
« dont on a remarqué la tenue édifiante. »

On voit que, bien qu'ayant confié « la Providence » aux Sœurs de Saint-Joseph, Mlle Thévenet et les associées des Saints-Cœurs ne s'en désintéressaient pas. Souvent elles paraissaient à l'atelier pour encourager le travail et en prendre leur part, mais leur présence devenait moins nécessaire qu'au début.

NOTES CONCERNANT LA « PROVIDENCE »

1º Mlle Thévenet fut Supérieure et Directrice de la Providence pendant huit ans (1817-1825). Elle aurait continué à diriger cette Providence, sa première création ; mais les vues de Dieu orientèrent ailleurs le zèle de Mlle Thévenet ; cependant, elle continua à porter grand intérêt à l'Œuvre jusqu'à sa mort.

2º « La Supérieure de la Communauté, ne pou-
« vant se déplacer pour se rendre au Bureau, on
« pourra élire une Présidente qui y assistera et
« présidera les Assemblées en l'absence de la
« Supérieure. »

Cette proposition fut acceptée le 31 mai 1821 (1).

« Mais voilà que le 31 juillet, date des élections,
« après avoir procédé par scrutin secret, à la nomi-
« nation des dignitaires de toutes les Sections,
« Mlle Thévenet, par scrutin aussi, est de nouveau
« réélue Présidente Générale de la Société, et de
« toutes les Sections. »

« Alors on créa deux nouvelles charges, une
« Secrétaire Générale et une Trésorière Générale,
« lesquelles avec la Présidente de la Section et deux
« Assistantes, ont formé le « Bureau » d'adminis-
« tration de la Providence. »

3º Quatre ans plus tard (1825), à propos de
quelques difficultés survenues, « on a décidé
« d'abandonner tous les droits que l'Association
« des Saints-Cœurs avait sur cette maison et sur
« l'Œuvre, à M. le Curé de Saint-Bruno et aux
« Sœurs de Saint-Joseph, et de la leur remettre
« entièrement entre les mains. Remise qui a été
« faite le 4 janvier 1825 par un Acte signé par les
« Associées formant le Bureau, la Supérieure Géné-
« rale des Sœurs de Saint-Joseph et M. le Curé de
« Saint-Bruno ».

« L'association des Saints-Cœurs, dès cette date,
« a porté son zèle et son activité vers d'autres
« œuvres de charité », sous la même direction de sa

----

(1) A cette occasion, on adopta comme signe distinctif de
l'Association, une croix d'argent.

1º et 3º. Regître des Assemblées.

Présidente Claudine Thévenet, devenue en religion Mère Saint-Ignace.

5° Cette Providence appelée du Sacré-Cœur, première création de Claudine Thévenet, sa fille aînée, subsiste encore après plus d'un siècle dans la paroisse de Saint-Bruno, rue Maisiat n° 10, sous le nom de « Providence de Saint-Bruno » ; ce nom lui fut donné lorsque Mlle Thévenet appela sa deuxième Providence, de Pierres Pantées « Providence du Sacré-Cœur » nom que la première avait porté depuis sa fondation. Elle est toujours sous la direction des Sœurs de Saint-Joseph.

6° « L'acte d'organisation de la « Providence « de Saint-Bruno en 1819 est signé par Mlle Thé-« venet ».

7° De cette Œuvre, si bien fondée et si sagement dirigée par Mlle Thévenet pendant huit ans, sont sorties plusieurs autres maisons de Providence tenues par les mêmes Sœurs de Saint-Joseph en différents quartiers de la Ville de Lyon.

5° Annales des Sœurs de Saint-Joseph et Regître des Assemblées.
6° Regître Providence Saint-Bruno.
7° Entretien avec Sœurs de Saint-Joseph.

CHAPITRE IV

LA CONGRÉGATION (1818).

LA petite Association lyonnaise des Saints-Cœurs était fondée depuis deux ans, et déjà ses membres réalisaient les progrès les plus admirables au point de vue de leur sanctification personnelle, en même temps que leur zèle s'éclairait et devenait de plus en plus ardent pour le bien. Cet essai de deux ans avait montré à l'abbé Coindre que quelques-unes de ces associées étaient propres à la vie religieuse qui leur permettrait de travailler plus efficacement à la gloire de Dieu et au salut des âmes.

Le saint prêtre avait aussi compris que les pratiques de perfection demandées par le Règlement étaient difficiles au milieu du monde et faites par intermittence. Déjà quelques-unes des associées avaient pris le chemin du cloître et Mlle Pauline Jaricot devenait, sans pourtant se séparer de la Société, l'instrument de Dieu pour la fondation d'une œuvre lyonnaise destinée à grandir comme le monde, l'œuvre de la Propagation de la Foi. Elle avait conçu cette œuvre, ainsi que celle du Rosaire vivant, en visitant les pauvres et les malades que lui confiait Mlle Thévenet, présidente de l'Association.

L'abbé Coindre vit dans tout cela une claire indication de la Providence et il lui sembla que le temps était venu de reprendre sa première œuvre par la base et de faire de la petite Association une véritable communauté religieuse. Un jour donc, il assembla celles qui lui paraissaient marquées de la vocation divine et avec cette décision et cette autorité qui trahissent l'inspiration d'En-Haut, il leur déclare les intentions de Dieu sur elles. « Il faut, dit-il, « sans hésiter, et sans retard vous réunir en com- « munauté. » Et sur l'heure il trace les premières lignes d'un Règlement pris dans la Règle de saint Augustin et dans les Constitutions de saint Ignace qu'il a l'intention de réunir plus tard en un seul code d'observances religieuses adaptées à leurs besoins.

Le but restait le même : former des âmes pour le ciel par une éducation vraiment chrétienne, mais ce but, on allait le poursuivre désormais sous une même bannière et une même direction. Et à la petite assemblée, surprise et émue, l'abbé Coindre présente Mlle Thévenet comme celle que la Providence lui désigne pour l'accomplissement de cette mission.

Et comme celle-ci tombe à genoux et paraît écrasée : « Le ciel vous a choisie, dit-il résolument, répondez à son appel. » A ces paroles solennelles comme une consécration, ses amies la relèvent en l'appelant leur mère et tour à tour la pressent silencieusement dans leurs bras en témoignage de respectueuse tendresse et de filiale soumission.

La communauté était constituée. Ceci se passait le 31 juillet 1818, Marie-Claudine Thévenet avait 44 ans.

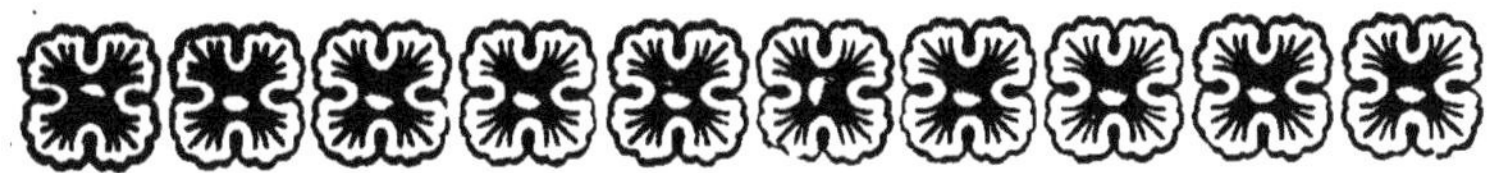

CHAPITRE V

Mlle THÉVENET
AUX « PIERRES PLANTÉES »
BERCEAU DE L'INSTITUT

LA nouvelle Communauté se mit tout de suite à l'œuvre, et commença par installer un ouvroir pour la fabrication des soieries, l'industrie par excellence de Lyon.

Les débuts furent très modestes : on organisa un petit atelier aux « Pierres Plantées » aux portes du populeux et remuant quartier de la Croix-Rousse, et on y mit un métier, une ouvrière habile et une enfant. C'était bien peu et cela paraissait bien pauvre, mais l'œuvre du bon Dieu est si souvent bâtie sur la pauvreté.

D'ailleurs l'humble logis suffisait, puisque la petite Communauté ne l'habitait pas encore et qu'il n'était occupé que par la pieuse et habile ouvrière Jeanne Burgy.

Mlle Thévenet venait fidèlement tous les jours avec ses compagnes visiter sa chère petite maison, en attendant de pouvoir s'y fixer définitivement. Mais d'ici là, que d'épreuves à subir !... Les affectueuses plaintes de sa mère qui se croyait délaissée, les plaisanteries, oh, pas méchantes !... qui se multipliaient dans la famille et ne laissaient pas de lui faire de la peine, et surtout, son propre cœur. Elle s'était attachée profondément à sa famille, et la pensée de tout quitter la jetait parfois non pas dans le doute sur l'appel de Dieu, mais dans une souffrance aiguë qui lui montrait que l'œuvre de Dieu ne se fait pas toujours sans bien des brisements.

Enfin son esprit de foi l'emporta, et le 5 octobre au soir, veille de la fête de saint Bruno, elle quitta sa mère et les siens. *Seules*, *Claudine* et Mme Vve Ferrand se rendirent ce premier jour à la petite Providence de Pierres Plantées auprès des enfants (1). Mme Ferrand n'était pas de l'Association, et ne pouvait pas en être à cause de son état de veuve. Elle était sans doute une amie : elle demeurait dans le voisinage (2) de la maison où Claudine avait commencé sa deuxième Providence aux Pierres

---

(1) Regître des Entrées etc., page écrite par Mère Saint-Ignace elle-même.

(2) Grand-Côte n° 9 (cadastre de la Ville de Lyon).

Plantées. Elle avait une fillette de onze ans (1).

Si quelque associée s'était engagée, le 31 juillet, à la suivre, on ne le dit pas ; ce qui est certain, c'est qu'*aucune* ne l'accompagna à l'heure du sacrifice. On comprend doublement les angoisses de cette première nuit.

Oh ! cette première nuit passée hors du toit maternel ! Mlle Thévenet en parlait encore à la fin de sa vie comme de la nuit la plus terrible qu'elle ait jamais connue. Tous les saints à la suite du Christ ont ces heures d'angoisse presque décourageante qui précèdent les grandes déterminations et les grandes œuvres. « *Il me* « *semblait, disait la sainte fille, m'être engagée* « *dans une entreprise folle et présomptueuse* « *qui n'avait aucune garantie de succès, mais qui* « *au contraire, à tout considérer, devait aboutir* « *à néant.* »

En souvenir de la journée du 6 octobre, on donna le nom de Saint-Bruno à Mlle Jubeau, une des premières compagnes de Mlle Thévenet.

Après les reproches affectueux et les innocentes plaisanteries de sa famille, Mlle Thévenet eut à supporter les moqueries moins innocentes et même parfois violentes des passants qui ne

---

(1) Extrait de baptême.

comprennent pas, mais, disait l'abbé Coindre, « c'est bon signe, mes filles ».

C'était bon signe en effet, l'œuvre prospérait, le nombres des jeunes orphelines augmentait, les commandes de travail assuraient l'avenir, mais le logement devenait trop étroit et Mlle Thévenet dut songer à trouver un local plus vaste et mieux adapté, tout en restant dans ce quartier où l'on commençait à être connu et où le bien se faisait sans bruit.

Elle chercha donc, mais Dieu, sans doute voulait sa Communauté ailleurs, car elle ne trouva rien d'approprié. Comme toujours, devant l'insuccès de ses démarches, elle pria, intéressa à sa cause la Vierge Marie et saint Louis de Gonzague, patron de la jeunesse. A ce moment, M. Paul Jaricot, frère aîné de Pauline-Marie, mettait en vente « l'Angélique », une de ses propriétés, située place de Fourvière, en face du célèbre pèlerinage lyonnais. Ce fut providentiel. Pauline-Marie Jaricot servit d'intermédiaire, et la Congrégation des Saints-Cœurs fit l'acquisition de ce vaste domaine. Le contrat de vente fut signé le 18 novembre 1820 (1).

Ce ne fut pas sans un serrement de cœur que

---

(1) Actes de propriété.

la petite Congrégation quitta les « Pierres Plantées », humble berceau de l'œuvre, mais elle allait près de la Sainte Vierge, aussi le premier soin des pieuses filles, fut de se présenter à Notre-Dame dans sa modeste chapelle pour y communier et renouveler, aux pieds de la Madone aimée des Lyonnais, leur consécration et leur sacrifice.

A cette époque du transfert de la Communauté de « Pierres Plantées » à Fourvière, elles étaient sept religieuses de Chœur (voici les dates d'entrée) (1) :

Mlle Claudine Thévenet, le 5 octobre 1818.

Mme Vve Ferrand, le 5 octobre 1818.

Mlle Chipier, le 20 octobre 1818.

Mlle Planu, le 20 octobre 1818.

Mlle Jubeau, le 22 décembre 1818.

Mlle Victoire Ramié, le 10 mars 1819.

Mlle Chardon, le 27 juillet 1820,

et six Sœurs auxiliaires.

Dans l'année 1822 sont entrées Mlle Agathe Daval, le 1er juin, Mlle Clotilde Revel, le 19 juillet et Mme Vve Dioque, le 22 septembre.

Sur ce nombre, seules Mlles Ramié et Revel étaient des associées des Saints-Cœurs.

---

(1) Registre des Entrées.

CHAPITRE VI

FOURVIÈRE.
FONDATION DU PENSIONNAT (1821).

ᴇs voilà dans leur nouveau domicile. Le site était merveilleux, vaste le jardin, mais la maison était peu spacieuse, et surtout peu adaptée à sa nouvelle destination (1).

On servit d'abord le bon Dieu en faisant une chapelle de la salle la plus convenable, on choisit ensuite les plus grandes pièces pour l'atelier et le dortoir des enfants. La Communauté accepta allègrement les chambres étroites et mal disposées qui restaient. Du reste, elles disaient s'y trouver mieux que Jésus à Bethléem ; et pourvu que les petites orphelines fussent bien servies !

La maison installée, Mlle Thévenet organisa la vie. A Pierres Plantées déjà, les religieuses avaient été divisées en deux catégories : Reli-

---

(1) Trente-sept personnes étaient venues des « Pierres Plantées » à Fourvière. (Cadastre de la Ville de Lyon.)

gieuses de chœur, et Sœurs auxiliaires (1) ; les premières étaient vouées à l'enseignement des enfants et au gouvernement de la maison ; les Sœurs ouvrières surveillaient l'atelier et le travail des enfants, et les Sœurs converses étaient chargées de l'entretien et des gros ouvrages de la maison.

Tout fut réglé aussi dans l'emploi de la journée pour les enfants, qui, de jour en jour devenaient plus nombreuses. Prières, catéchisme, instructions pieuses, repas, récréations, tout avait sa place bien prévue.

Mais là encore, on fut bientôt à l'étroit. Mlle Thévenet fit exhausser une partie du bâtiment, ajouta une annexe pour servir de chapelle provisoire (car elle caressait déjà la pensée d'une grande chapelle moins indigne de Notre-Seigneur) et procura ainsi une vaste salle avec dortoir au-dessus.

Ces agrandissements lui permirent de mettre à exécution un projet qu'elle avait depuis longtemps, celui d'ouvrir un Pensionnat où les jeunes filles de bonne famille pourraient trouver l'instruction et l'éducation qu'exigeait leur position sociale. Ce Pensionnat fut ouvert en 1821.

____

(1) Divisées elles-mêmes en Sœurs ouvrières et Sœurs converses.

L'expérience et le nombre croissant des élèves des deux sections nécessitèrent bientôt la séparation de deux classes d'enfants dont les positions si différentes commandaient aussi une éducation différente. Ce fut alors 'qu'on décida de faire construire pour les jeunes ouvrières, un bâtiment attenant à la chapelle future et qu'on nommerait « la Providence ». On se mit à l'œuvre vers la fin de 1821, on fit un emprunt de 90.000 francs et l'édifice fut achevé en 1822. Hélas ! cet emprunt ne suffit pas, car une des associées des Saints-Cœurs, Mlle Laporte, obligée par sa mère, dut réclamer à Mlle Thévenet les sommes qu'elle lui avait apportées pour ses œuvres ; apport qui rendait Mlle Laporte copropriétaire des immeubles affectés à ces œuvres. Elle resta, cependant jusqu'à sa mort dans l'Association des Saints-Cœurs. Forte de sa confiance en Dieu, Mlle Thévenet n'hésita pas à faire un second emprunt pour parer à ce déficit imprévu, et elle communiqua si bien sa confiance à son homme d'affaires que celui-ci trouvant quelques hésitations chez les prêteurs, leur dit avec conviction : « Messieurs, soyez sans crainte, dans les affaires comme celles-ci, c'est le bon Dieu qui se fait caution. »

CHAPITRE VII

LES PREMIÈRES MÈRES

Tout se faisait en son temps à l'Angélique. L'organisation matérielle terminée, il fallait maintenant donner à la maison et à la Communauté un aspect complètement religieux. Plusieurs fois déjà, Mlle Thévenet avait demandé à l'autorité diocésaine la permission pour elle et ses compagnes de porter un costume religieux. Cette permission ne lui avait pas encore été accordée, le diocèse de Lyon étant depuis 1814 privé de son Pasteur le Cardinal Fesch, oncle de l'Empereur ; mais en compensation, les Vicaires généraux leur accordèrent le privilège de la Sainte Messe et de la Réserve. Cependant, pour marquer sa complète rupture avec le monde, Mlle Thévenet demanda à ses compagnes d'abandonner leur nom pour prendre celui d'un saint qui deviendrait leur protecteur spécial. Elle-même choisit pour patron saint Ignace. Désormais donc, Mlle Thévenet sera Mère Saint-Ignace ; ses compagnes seront : Mère Saint-François de Borgia, Mère Saint-François-Xavier, Mère Saint-Stanislas, Mère Saint-Bruno, Mère Saint-André, Mère Saint-Gonzague. Les trois dernières venues seront Mère Saint-Simon, Mère Saint-Ambroise, Mère Saint-Pierre.

L'abbé Coindre visitait souvent sa chère Congrégation pour en constater le développement et les progrès dans la perfection. C'est dans une de ces visites où il avait parlé aux novices avec encore plus d'onction que de coutume, qu'il leur dit en les bénissant, ces mots qu'elles n'oublièrent jamais : « *Croissez « maintenant petit troupeau et multipliez, il « en sortira de vraies filles du Cœur de Jésus.* »

Et pour favoriser davantage la perfection de ce noviciat sur lequel on fondait de si grandes espérances pour l'avenir de la Congrégation, et lui donner une Maîtresse des Novices qui fût à la hauteur de sa tâche Mlle Victoire Ramié (Mère Saint-André), fut envoyée à Valence (France), chez les Sœurs de la Nativité où était supérieure une des sœurs de Mère Fondatrice. Là elle se forma aux différentes pratiques de la vie religieuse, et après six mois

lorsqu'elle revint à Fourvière, elle prit immédiatement la direction du noviciat, quoiqu'elle
n'eût point encore fait ses vœux, et elle déploya
dans sa nouvelle fonction, toutes les ressources
de son zèle et de son dévouement, justifiant
ainsi le choix qu'avaient fait d'elle l'abbé
Coindre et Mère Saint-Ignace.

CHAPITRE VIII

BELLEVILLE (1822). MONISTROL (1823). PREMIERS VŒUX. ORGANISATION

PLUS près de la Sainte Vierge, la petite Communauté croissait à vue d'œil. Mère Saint-Ignace n'acceptait cependant dans sa nouvelle famille que des âmes ardentes et fortes, généreuses et constantes, ignorant la défaillance devant la tâche ou le recul en face du devoir. Elle était merveilleusement servie dans l'examen et l'admission des aspirantes par sa profonde expérience et son tact parfait. Son regard scrutateur semblait explorer l'âme tout entière et saisir avec une rare pénétration, les grandes lignes et même les nuances qui révèlent un caractère.

Mais l'arbre planté à Lyon et déjà vigoureux aspirait à pousser ailleurs de nouveaux rameaux. Quelques mois après l'ouverture du Pensionnat de Lyon, un autre Pensionnat fut ouvert à Belleville (1822), on y joignit une classe pour les enfants pauvres. Les Religieuses ne restèrent dans ce Pensionnat que jusqu'en 1829, une autre Communauté étant venue s'y établir. On laissa donc la place aux nouvelles venues, d'autant que d'autres fondations réclamaient les religieuses de Fourvière.

L'abbé Coindre nommé supérieur des missionnaires du Velay ayant en 1823 fondé un collège à Monistrol dans le diocèse du Puy, y appela avec la permission de l'autorité diocésaine, ses chères filles, les Dames des Saints-Cœurs de Jésus et de Marie.

Un premier procès-verbal, daté du 10 octobre 1822 et extrait des registres du petit séminaire de Monistrol relate l'institution canonique des Dames et Sœurs des Saints-Cœurs de Jésus et Marie approuvées comme Congrégation par Monseigneur l'Évêque de Saint-Flour administrateur du diocèse du Puy. Mesdames Saint-Pierre, Saint-Bruno, Saint-Simon avaient pris possession de l'établissement le 6 janvier 1823. Un mois après, le 4 février, l'Évêque de Saint-Flour autorisait l'abbé Coindre à recevoir les vœux simples de celles qui se présenteraient.

Sept jours plus tard, sur une lettre de l'abbé Coindre, Mère Saint-Ignace et ses compagnes de Lyon et celles de Belleville arrivaient à Monistrol, et le 25 février 1823, dans la collégiale, cinq prononçaient leurs solennelles promesses et revêtaient le costume religieux que la Congrégation de Jésus-Marie porte encore aujourd'hui. C'étaient avec Mère Saint-Ignace : Mère Saint-Borgia, Mère Saint-Xavier, Mère Saint-Bruno, Mère Saint-Pierre.

Le lendemain les Mères procédèrent aux élections, et Mère Saint-Ignace réunit tous les suffrages pour la charge de Supérieure Générale. On nomma en même temps par scrutin, trois Assistantes, puis la Supérieure Générale nomma elle-même les Supérieures des maisons de Monistrol et de Belleville. Ce même jour il y eut une cérémonie de trois prises d'habit.

Mère Saint-Ignace était nommée Supérieure Générale. C'était justice, elle était bien la véritable mère de ses filles qu'elle avait enfantées à la vie religieuse au prix de quels labeurs et de quels sacrifices.

Un mois après, le 16 mars, toujours à Monistrol, les mêmes vœux étaient prononcés par Mère Saint-André, Mère Saint-Stanislas, Mère Saint-Gonzague ; et avant la fin de l'année par Mère Saint-Ambroise, le 19 août. Mère Saint-Simon ne les fit que deux années plus tard, le 1er novembre 1825 (1).

____

(1) Registre des professions.

CHAPITRE IX

L'OUVROIR DE FOURVIÈRE

DE retour à Lyon, la Mère Fondatrice mit son premier soin à l'installation des jeunes ouvrières dans la nouvelle « Providence ». vaste local de quatre étages à six fenêtres de façade qu'elle avait fait construire en 1822 place de Fourvière en face du Sanctuaire. C'est alors qu'elle put donner libre carrière à sa charité et manifester par tous ses actes cette exquise vertu. Elle éprouvait une grande joie à constater la prospérité croissante des trois Pensionnats qui se peuplaient d'une joyeuse et charmante légion d'étudiantes, mais sa prédilection, c'était visible, allait aux faibles et aux délaissées, à ces pauvres enfants qu'on lui amenait parfois dans un état de dénuement ou de malpropreté qui faisait pitié ou soulevait le cœur.

Les plus pauvres étaient les mieux accueillies et sa correspondance témoigne de l'affection qu'elle leur portait, et de l'intérêt avec lequel elle continuait à les suivre dans la vie.

Elle n'eût cédé à personne le soin de s'occuper de ces enfants à leur arrivée et de transformer totalement ces pauvres petites épaves. Elle vivait à ce moment la parole du Maître : « *Tout* « *ce que vous ferez au moindre de ces petits,* « *je le tiendrai comme fait à moi-même.* »

Les heures passées à « la Providence » étaient pour la Mère Fondatrice les plus douces et les meilleures. Là elle oubliait tous ses ennuis, tous ses soucis, au point qu'elle en revenait presque transfigurée. Elle y avait distribué gâteries, réprimandes, récompenses, avec tant de bonté qu'elle provoquait chez toutes ces petites un assaut de bonne volonté pour mieux faire.

Aussi les enfants l'aimaient-elles comme une mère, et leur plus grande punition dans un oubli ou une sottise était la menace d'en avertir la Révérende Mère.

C'est qu'elle avait si bien compris et organisé la vie de ses chères petites ; bon lit, logement sain, vêtements propres, nourriture appétissante et ce qui est presque aussi nécessaire, charmantes fêtes en leur honneur, dîners de gala, grands congés, soirées amusantes, tout le programme d'une véritable éducatrice.

Il va sans dire qu'il n'était jamais question d'hôpital pour les malades et que Mère Saint-Ignace les faisait soigner à la maison comme si elles eussent été ses propres enfants.

Et pour soutenir tout cela, elle avait une confiance inébranlable en la divine Providence, qui d'ailleurs lui vint souvent en aide, et parfois d'une façon miraculeuse.

Voici ce que raconte à ce sujet une Sœur encore vivante née en 1845, et entrée dans la Congrégation le 29 juin 1864. « Lorsque j'étais « postulante à la maison-mère en 1864, tous les « dimanches j'accompagnais par le bras Mère « Saint-Stanislas se promenant au jardin : elle « était très âgée ; elle fut une des premières « compagnes de notre Révérende Mère Fonda- « trice. Presque toujours elle me parlait de cette « vénérée Mère et de ses vertus, surtout de sa « grande foi et de sa confiance en la Providence. « Mère Saint-Stanislas me racontait beaucoup de « choses à ce rapport-là, mais plusieurs me sont « échappées de la mémoire depuis tant d'années « passées ; cependant il en est une que je con- « serve fraîche comme si je l'entendais aujour- « d'hui.

« Un jour, la Sœur chargée des provisions
« s'aperçoit qu'il n'y avait plus de farine à la
« maison et qu'il ne restait qu'un seul pain
« pour toute la Communauté et les orphelines.
« La Révérende Mère en est avertie, et immé-
« diatement, elle va à la chapelle avec toutes les
« religieuses réciter les litanies de la Providence
« en la priant avec foi et confiance. Le dernier
« pain fut distribué et, on ne sait comment, ce
« pain se multiplia et dura trois jours, au grand
« étonnement de toutes. Mais on n'avait pas
« de farine, ni les moyens de s'en procurer. Dans
« un élan de ferveur et de confiance, voilà que la
« Révérende Mère court à la chapelle ; elle prie :
« elle s'avance vers le Tabernacle ; elle prie plus
« fort encore...

« Ce matin même on a sonné à la porterie ;
« c'était un charretier qui venait avec une voi-
« ture chargée de sacs de farine. On n'en atten-
« dait pas car on n'en avait pas commandé. La
« Révérende Mère est avertie, elle descend
« toute émue, demande au voiturier, qui envoie
« cette farine? Le voiturier lui dit « Ne vous
« inquiétez pas, Madame, tout est payé. »

« Je puis affirmer sous la foi du serment, dit
la Sœur Saint-Firmin, que j'ai entendu raconter ces deux faits merveilleux à Mère Saint-

Stanislas ; j'en ai entendu raconter bien d'autres dont je ne me souviens plus, et je le regrette beaucoup.

« Ces mêmes faits je les avais entendu raconter aussi par les Sœurs Saint-Bernard, Saint-Antoine, et d'autres qui vécurent au temps de notre Révérende Mère Fondatrice (1). »

Aussi Mère Saint-Ignace ne refusait presque jamais une nouvelle orpheline. Si les ressources manquaient ou étaient près de manquer, « Dieu y pourvoira », disait-elle, et Dieu y pourvoyait. Et quelle sollicitude pour la formation religieuse et morale de ses enfants ! Comme elle savait lire dans chacune de ces jeunes âmes !

Et tout cela allait avec un judicieux bon sens qui lui faisait dire : « *Faisons de ces enfants « des femmes d'intérieur qui sachent tirer parti de « tout dans une maison et qui soient la bénédic- « tion des foyers où elles pourront entrer plus tard.*»

Il serait trop long de rappeler les pieuses exhortations, les paroles d'encouragement qu'elle prodiguait à ses filles spirituelles pour les maintenir à la hauteur de cette sublime tâche d'éducatrices.

---

(1) Signé « Sœur Saint-Firmin ».

L'admirable organisation de cette maison, la perfection du travail qui s'y faisait étaient telles que bien des patrons lyonnais s'adressaient de préférence à elle quand ils voulaient du travail plus soigné.

CHAPITRE X

FONDATION DE LA MAISON DU PUY (1825). MORT DE M. L'ABBÉ COINDRE (1826).

En 1823, Mgr de Bonald était nommé évêque du Puy. Ce diocèse, resté sans pasteur depuis 1793 avait besoin de voir se relever bien des ruines, aussi le nouvel évêque, pour mesurer l'étendue de ces ruines et se rendre compte des mesures à prendre et des réformes à opérer, entreprit de visiter lui-même tous les villages de l'Église que lui confiait la divine Providence. C'est au cours d'une de ces visites pastorales qu'il vint à Monistrol où une modeste colonie de la maison de Fourvière se consacrait à l'éducation des jeunes filles du Velay. Reçu comme un père dans la petite Communauté, Monseigneur examina avec attention le genre d'éducation qui était donné à ses diocésaines par les Sœurs des Saints-Cœurs de Jésus et Marie, et si grande fut sa satisfaction, que, à peine rentré dans sa ville épiscopale, il proposa

aux religieuses de Monistrol (1824) de transporter leur maison au Puy, aux pieds de Notre-
Dame. Mère Saint-Ignace consultée, donna son
entière adhésion à ce projet qui servait la gloire
de Dieu et les intérêts de l'Institut, et Notre-
Dame du Puy abritait à son tour un peu de la
Communauté que Notre-Dame de Fourvière
avait abritée la première.

La maison se fonda en 1825 (1), et dès les
premiers mois de son ouverture, elle vit affluer
de nombreuses élèves que les familles de la
ville et du département confiaient avec joie
aux Dames des Saints-Cœurs de Jésus et Marie.

Mais une grande épreuve menaçait la Communauté en plein épanouissement ; l'abbé
Coindre, écrasé par les travaux apostoliques
qu'il s'imposait, allait succomber à la tâche.
Chargé de deux « Providences » à Lyon, ayant
entrepris la formation d'une phalange de prêtres
voués à la prédication, il fut appelé par Monseigneur l'évêque de Blois à la direction de
son Grand Séminaire, et aux fonctions de
vicaire général.

Ce fut pour le saint prêtre un grand sacrifice
et une grande douleur que cet appel qui l'éloi-

____

(1) Regître des Vêtures.

gnait de ses chers missionnaires et des religieuses qui avaient encore tant besoin de ses conseils. Mais voyant dans cette demande de Monseigneur de Blois la volonté de Dieu, il n'hésita pas et se rendit à son nouveau poste, en février 1826.

Là, n'oubliant pas ses chères filles, il put malgré ses multiples et absorbantes occupations continuer à s'occuper d'elles, et la Congrégation conserve pieusement une lettre de lui dans laquelle il leur renouvelle longuement ses conseils pour la vie religieuse. Mais sa santé déjà ruinée ne résista pas au surmenage de ses nouvelles fonctions ; une mauvaise nouvelle parvint bientôt à Lyon, l'abbé Coindre venait d'être frappé d'une congestion cérébrale.

La Communauté de Fourvière pria ardemment. Mère Saint-Ignace éprouvait une douleur extrême à la pensée que le soutien et l'appui de son Institut naissant pouvait lui être enlevé. Toutes les religieuses remarquaient sa peine et l'altération de ses traits. « Je pressens, disait-elle, une grande épreuve. »

Elle fit redoubler de prières, mais on pressentiment ne l'avait pas trompée ; le 2 juin, une lettre de Blois annonçait la mort de l'abbé Coindre, retourné à Dieu le mardi 30 mai 1826.

Il avait 39 ans. Par sympathie, Mgr de Bonald voulut lui-même faire part à la Supérieure du Puy, et par celle-ci, à Mère Saint-Ignace, de la dure épreuve qui frappait l'Institut, et il ajoutait à ses doléances : « Ma Mère, vous pouvez plus que jamais compter sur mon dévouement ; à la famille orpheline, il faut un Père et un protecteur, je serai désormais l'un et l'autre pour votre maison. » Et il tint parole.

Mais plus que les autres, Mère Saint-Ignace avait ressenti la grandeur de l'épreuve. Elle restait maintenant seule pour continuer l'œuvre et lui imprimer fortement le caractère et l'esprit que le saint prêtre voulait lui donner et qu'elle connaissait mieux que personne. Elle accepta la tâche, et jusqu'à la fin de sa vie, elle lutta avec une constance héroïque aussi douce que ferme, pour lui conserver cet esprit et ce caractère.

Que Mère Saint-Ignace ait conquis l'estime et la confiance d'un homme tel que le P. Coindre, que cet homme l'ait choisie comme collaboratrice dans son œuvre de prédilection, ce n'est pas la moindre preuve des qualités et surtout des vertus de la Servante de Dieu.

CHAPITRE XI

NOUVELLES MORTS
LA RÉVOLUTION DE 1830

———

L A mort du P. Coindre fut suivie de deux années relativement calmes. C'était une de ces trêves miséricordieuses que la Providence ne semble accorder que pour préparer à de nouveaux sacrifices, à de nouvelles souffrances les âmes dont elle attend de grandes choses.

La maison de Fourvière se recrutait rapidement ; tous les membres de l'Institut s'efforçaient dans une union parfaite, de se perfectionner chaque jour davantage, de s'identifier comme Marie à Jésus, pour le faire naître dans les âmes. Mais en 1828 deux nouveaux deuils frappaient la Communauté : Mère Saint-Borromée et Mère Saint-Xavier étaient appelées par Dieu à recevoir leur récompense.

Mère Saint-Ignace perdait en elles deux de ses plus précieuses collaboratrices : Mère Saint-

Borromée était une brillante maîtresse de classe, et son caractère aimable faisait le charme des récréations, mais elle était aussi et par-dessus tout une fervente religieuse. Mère Saint-Xavier elle, était comme le bras droit de Mère Saint-Ignace (1).

Mère Saint-Ignace devant ces disparitions successives se prit à douter de la solidité de l'édifice qu'elle élevait. Sa chère Congrégation allait-elle peu à peu disparaître? Mais vite elle revint sur ce manque de confiance, comprenant que Dieu se plaît à prouver que nul autre que Lui-même n'est nécessaire à son œuvre. Du reste ces vides furent bientôt comblés. Une chose cependant fit souffrir cruellement le cœur de la Mère Fondatrice, c'est de n'avoir pu fermer les yeux à sa chère fille Mère Saint-Xavier.

Sur ces entrefaites éclatait la Révolution de 1830. Elle n'eut pas à Lyon de caractère meurtrier et impie ; cependant comme en ces temps troublés, on peut tout craindre, Mère Saint-Ignace bien que ne laissant rien paraître de ses angoisses, priait, mettait sa confiance en Dieu,

---

(1) Mère Saint-Xavier qui avait fait ses vœux le même jour que Mère Saint-Ignace, avait été nommée assistante générale le jour suivant, 26 février 1823. Elle fut la première supérieure de la nouvelle Providence, et mourut le 22 septembre 1828.

et soutenait le courage de toute la maison, veillant à ce que, malgré tout, les enfants et la Communauté ne manquassent de rien.

Le calme complet était à peine rétabli que des inquiétudes d'un nouveau genre assaillaient le cœur de Mère Saint-Ignace. Le choléra venait de faire son apparition en Europe. Paris était déjà ravagé et l'horrible fléau arrivait aux portes de Lyon : mais on pria ardemment Notre-Dame de Fourvière, et la Vierge Marie préserva encore une fois sa ville privilégiée. C'était en 1832.

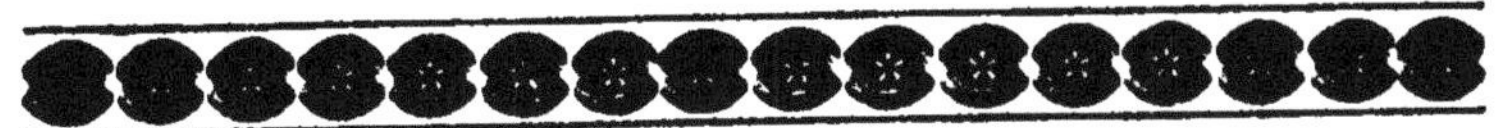

CHAPITRE XII

CONSTRUCTION DE LA CHAPELLE (1832). TROUBLES DE 1834

ETTE année même en 1832, Mère Saint-Ignace commença la réalisation d'un projet qui depuis longtemps lui tenait à cœur, la construction d'une chapelle moins indigne de Notre-Seigneur et mieux en harmonie avec le nombre toujours croissant des Religieuses et des élèves. La première pierre fut solennellement posée, et tout le monde s'activant sous l'impulsion de la Mère Fondatrice, les travaux avançaient rapidement, la voûte même était commencée quand arriva en 1834 une nouvelle commotion civile qui arrêta tout. Les émeutiers s'emparèrent de Fourvière qui pendant plusieurs jours est bombardé par les troupes régulières tirant de Bellecour.

Mère Saint-Ignace qui pourtant avait vu les horreurs de la Révolution et en tremblait encore, garde tout son calme, et rassure les âmes les plus craintives par sa tranquillité et sa confiance en Dieu. Dieu, du reste, bénit sa confiance et ses prières, car malgré le bombardement prolongé et la multitude des projectiles lancés de Bellecour, la maison-mère et les autres bâtiments de la Communauté restèrent intacts.

Aussi, dès l'ordre rétabli, la Mère Fondatrice et les enfants rendirent à Dieu et à la Sainte Vierge les plus ardentes actions de grâces. La protection divine avait été visible.

Des lettres précieuses de Mère Saint-Ignace, rappellent ces tristes événements, et révèlent les angoisses qu'elle ne voulait pas laisser paraître, mais en même temps disent son inébranlable confiance en Dieu et Notre-Dame de Fourvière.

Sa confiance et ses prières eurent encore plein succès dans la suite. Il fut en effet un moment question d'établir un fort à Fourvière et d'exproprier le couvent pour en faire une caserne. On pria encore, et le 11 septembre 1834 Mère Saint-Ignace pouvait écrire à sa nièce : « Nous « sommes tranquilles dans ce moment. Le nou- « veau ministre de la guerre a contremandé les « fortifications. Nous en rendons grâces à la « Sainte Vierge qui n'a pas voulu qu'on fît « de sa sainte montagne une place de guerre. »

CHAPITRE XIII

L'INSTITUT MENACÉ
MORT DE MÈRE SAINT-BORGIA

'ANNÉE 1834 compta parmi les plus dures
pour la Mère Fondatrice. En même temps
qu'elle avait à supporter à Fourvière le bombardement et les chocs sanglants de la guerre
civile, il lui arrivait du Puy une affligeante
nouvelle qui la peinait plus vivement encore,
car c'était une attaque directe contre son cher
Institut.

La maison du Puy était en pleine prospérité,
sous la direction de Mère Borgia, quand poussée
par on ne sait quelle inspiration, certaines personnes remplissant dans la maison un rôle de
confiance, proposèrent à la vénérable Supérieure de fondre la Communauté avec celle des
Religieuses du Sacré-Cœur. C'était la fin de
l'Institut. Mère Saint-Ignace prévenue et surprise, réunit son Conseil. On consulte des
hommes éclairés et impartiaux, on prie, elle
en appelle à la haute protection de Mgr de Pins,
administrateur du diocèse de Lyon, en atten-

dant que l'approbation de Rome mit son cher Institut à l'abri de toute menace en en reconnaissant l'existence. Cela fait, on décide de rester ce que l'on est : une Congrégation distincte poursuivant le but spécial de sa fondation et cherchant à maintenir et à développer ses œuvres.

La décision est communiquée, mais deux jeunes et excellentes maîtresses, auxquelles on avait fait des avances, abandonnent Mère Saint-Ignace pour passer sous une autre bannière.

Cette espèce de désertion fut très pénible à la Mère Fondatrice, mais supérieure aux événements et certaine que Dieu dirige tout et protège ceux qui s'abandonnent à lui, elle lui confia de nouveau sa famille éprouvée et redoubla de sollicitude et de dévouement pour ses filles et ses chères orphelines.

Du Puy devait encore lui arriver une autre douleur qu'elle ressentit vivement.

On venait d'acquérir une nouvelle et vaste propriété afin d'y transférer la maison, insuffisante pour le nombre des pensionnaires, quand en 1835 la Supérieure Mère Borgia tomba malade. Les soins de ses Religieuses eurent raison de la maladie, mais Dieu voulait l'épreuve ; un jour que dans sa convalescence elle récitait son office au jardin, le mur près duquel elle marchait, s'écroula, ensevelissant la pauvre Mère sous les décombres. Malgré les rapides secours organisés, on ne releva qu'un cadavre horriblement mutilé (septembre 1835).

Mère Saint-Ignace perdait une compagne qui avait partagé ses travaux depuis près de vingt ans, soit aux « Pierres Plantées », soit à Fourvière, soit au Puy. Mme Ferrand (Mère Borgia), avait fait ses vœux le même jour que Mère Saint-Ignace. Elle avait contribué à l'inauguration de l'orphelinat, et du pensionnat avant d'être Supérieure à Belleville et au Puy. Elle laissait à la Congrégation sa propre fille qui devint Mère Saint-Paul, et une petite cousine qui fut en religion Mère Saint-Bruno.

A ces épreuves, vint, un mois après, se joindre une nouvelle peine : M. l'abbé Rey qui depuis cinq ans et demi était le dévoué aumônier de la maison-mère et des orphelines les quittait pour devenir le fondateur de l'Institution du Pénitencier d'Oullins (Rhône).

Mère Saint-Ignace perdait une seconde fois le père de son âme, dure souffrance pour un cœur obéissant et filial comme le sien, mais rendue plus dure encore par les luttes qui devaient suivre.

CHAPITRE XIV

LA MORT DE MÈRE SAINT-IGNACE (1837).

Il y avait près de dix-neuf ans que Mère Saint-Ignace se dépensait pour sa famille aimée. Les épreuves de tous genres qu'elle avait subies, sans diminuer en rien son courage et son esprit de foi, avaient cependant, après les douloureux incidents de sa jeunesse, fortement éprouvé sa constitution robuste. Déjà en 1828 elle avait été malade, mais depuis le bombardement de 1834 surtout, elle souffrait de violents maux de tête qui allèrent en augmentant et ne lui laissèrent point de répit.

A ces souffrances physiques vinrent se joindre d'autres souffrances morales, et ce ne furent pas les moindres. Déjà elle avait dû lutter contre des tentatives d'absorption de l'Institut par d'autres Congrégations antérieures et plus célèbres. Elle avait puisé son courage dans la prière et la confiance en Dieu, Il lui fallut maintenant lutter contre les difficultés de l'intérieur : exigences, mécontentements, que la digne Mère devait calmer avec toute sa prudence et toute sa charité ; difficultés venant de certains Pères spirituels qui autorisaient des actes contraires à la Règle ou aux usages établis ; difficultés venant de certaines personnes généreuses, qui croyaient que leur générosité leur donnait des droits dans la direction de la maison. Que souvent il en coûta à la Mère Fondatrice au cœur si bon et si humble, de défendre ses droits de Supérieure dans ces circonstances délicates ; mais sans jamais transiger avec sa conscience, son tact et sa déférence étaient tels, que, même lorsqu'elle était obligée d'en appeler à son autorité pour maintenir les choses dans l'ordre, on ne pouvait que lui rendre hommage et se conformer à sa manière de voir.

Deux aumôniers avaient succédé à M. Coindre, l'abbé Rey dont nous avons parlé plus haut et l'abbé Pousset.

Ce fut sous M. l'abbé Pousset que s'écoula la dernière année de Mère Saint-Ignace. Dieu qui proportionne sa croix aux grâces qu'il nous donne, voulut par les épreuves qu'il ménagea à sa fidèle servante dans cette dernière période de son existence, montrer à quel degré de vertu elle était déjà arrivée. Des divergences de vues dont Mère Saint-Ignace eut beaucoup à souffrir se manifestèrent presque incessamment entre l'aumônier et la Supérieure. Elle qui en d'autres circonstances avait déjà combattu pour sauver la vie et l'esprit de sa Congrégation, dut sur la fin de sa vie soutenir de nouvelles luttes pour lui conserver cet esprit en même temps que son autonomie.

Tendrement attachée à la mémoire du P. Coindre, connaissant sa pensée par un instinct sûr et fondé sur l'expérience des années, elle était résolue à faire tout ce qui dépendrait d'elle pour ne rien changer de ce qu'il avait fait ou conseillé. Mais combien cela fut pénible à son cœur sensible et désireux de paix...

Cependant elle ne laissa jamais paraître ces ennuis et cette souffrance qu'elle unissait à celles du divin Maître ; on ne les connut que plus tard.

Mais la fin approchait ; au mois d'octobre 1836, elle eut des peines très grandes et ses douleurs de tête devinrent plus fortes, plus continues. Mère Saint-Ignace s'occupa alors de visiter ses papiers, de régler ses comptes, et de tout mettre dans un ordre parfait, s'en remettant pour le reste à la volonté de Dieu. Elle allait emporter tout de même deux regrets : celui de n'avoir pu assister à la bénédiction de sa chère chapelle qui était presque achevée, et celui de n'avoir pu mettre la dernière main à la rédaction définitive des Règles et Constitutions qu'elle aurait voulu de son vivant faire approuver par Rome.

Ces regrets étaient légitimes, elle en fit généreusement le sacrifice à Dieu.

Dès lors elle s'abandonna complètement à Lui, maîtrisant toutes ses douleurs et ne laissant paraître que ses profonds sentiments de foi, de confiance et d'humilité.

M. l'abbé Pousset devait être pour elle l'occasion d'un dernier acte d'humilité qui couronnait tous ceux de sa vie.

En des paroles peut-être un peu dures, il crut devoir rappeler la mourante à la crainte des jugements de Dieu : « *Vous avez reçu des* « *grâces pour convertir un royaume entier*, lui dit-il devant toute la Communauté agenouillée autour de son lit, « *qu'en avez-vous fait? Vous* « *êtes un obstacle au progrès de votre Congréga-* « *tion, que répondrez-vous à Dieu qui vous deman-* « *dera compte de tout?* »

Mère Saint-Ignace reçut ces reproches avec

une sérénité admirable, convenant qu'elle était indigne des grâces dont Dieu l'avait comblée ; mais après, elle avoua qu'elle avait failli éclater en sanglots.

Elle reçut le Saint Viatique et l'Extrême-Onction avec la plus grande piété. L'action de grâces terminée, elle dit : « *J'ai oublié quelque chose* », puis, se recueillant de nouveau, elle fit une prière intime; cette prière terminée, elle dit encore : « *J'ai demandé une grande faveur pour notre bien-aimée Congrégation, puissé-je être exaucée (1)...* »

Le dimanche 29 janvier, elle entrait en agonie. Le mercredi, elle retrouvait un éclair de connaissance, le temps d'articuler distinctement ces mots : « *QUE LE BON DIEU EST BON !* » Et le vendredi suivant, 3 février 1837, au lendemain de la Purification, elle rendait le dernier soupir à 3 heures du soir, dernier trait de ressemblance avec le divin Sauveur qu'elle avait pris pour modèle durant toute sa vie religieuse.

------

(1) Une tradition autorisée par l'attrait de la vénérée Mère pour la vie humble et cachée, s'est pieusement conservée dans la Congrégation ; c'est que, par cette dernière prière, Mère Saint-Ignace demandait à Dieu que sa petite famille soit comme une *Violette* dans le jardin de l'Église.

La bière où reposait la Mère vénérée, la pieuse Fondatrice, fut déposée dans cette chapelle qu'elle avait fait élever et qu'elle désirait tant voir achever avant de partir. Ses funérailles ne purent y être célébrées, la chapelle n'étant pas terminée.

Le convoi funèbre fut suivi par un nombre considérable de parents et d'amis qui s'étaient joints à la longue suite des enfants et des orphelines accompagnant dans les sanglots et les larmes celle qu'elles aimaient comme une mère et vénéraient déjà comme une sainte. Le cortège se dirigea vers Loyasse où la Communauté venait d'acquérir une concession à perpétuité. Dans la suite on y fit construire un caveau où furent inhumés les restes de la vénérée Fondatrice et des Religieuses mortes avant elle.

CHAPITRE XV

APRÈS LA MORT DE MÈRE SAINT-IGNACE

A vénérée Mère Fondatrice de la Congrégation de Jésus-Marie est retournée à Dieu,
mais son œuvre n'est pas morte ; cette œuvre,
pour l'établissement de laquelle elle a été choisie, et à laquelle elle avait consacré toutes les
énergies de sa vie, *est bien vivante*. Comme toutes
les œuvres qui portent le cachet de la main de
Dieu, celle-ci vit peu de temps après la mort de
sa Fondatrice, s'ouvrir une nouvelle ère de
prospérité et de bénédictions. Ses filles avaient,
certes, perdu une Mère sur la terre, mais elles
avaient en échange, acquis au ciel une puissante
protectrice qui continuait, près du bon Dieu,
plus efficacement qu'elle ne l'eut fait dans ce
monde, à exercer la noble mission de veiller
sur elles et de prier pour elles.

Un premier témoignage de cette maternelle
protection fut l'approbation de la Congrégation

et des Constitutions par le Saint-Siège. Souvent, durant sa vie, la vénérée Fondatrice en avait manifesté le désir, mais Dieu, dans ses desseins, ne lui en laissa pas voir la réalisation.

Ce fut en 1841, peu de temps avant le départ pour la première fondation des Indes, que la Révérende Mère Saint-André qui lui succéda comme Supérieure Générale, et Mère Sainte-Thérèse son Assistante, se décidèrent à poursuivre ce projet depuis si longtemps conçu, et en référèrent à Rome.

Cependant, suivant le conseil du Cardinal de Bonald, pour éviter de donner lieu à des confusions, le nom de la Congrégation fut légèrement modifié, et au lieu de « Congrégation des Saints-Cœurs de Jésus et de Marie », on décida que, désormais, elle s'appellerait

« Congrégation de Jésus-Marie » (1).

Et ce fut sous ce titre, qu'elle fut approuvée par Sa Sainteté le Pape Pie IX, le 21 décembre 1847, dans le décret suivant, signé par le Cardinal Orioli, alors Préfet de la Congrégation d'Évêques et Réguliers.

---

(1) Ordonnance de Son Éminence le cardinal de Bonald, du 4 janvier 1842.

Décret : « *Notre très Saint Père le Pape*
« *Pie IX, après avoir entendu le vœu exprimé*
« *par les Éminentissimes et Révérendissimes*
« *Cardinaux de la Sainte Église Romaine, de*
« *la Sacrée Congrégation préposée aux affaires*
« *et consultations des Évêques et Réguliers,*
« **approuve** *par son autorité, et* **confirme** *le susdit*
« *Institut avec les vœux simples, et sauf la juri-*
« *diction des Ordinaires. Il* **approuve** *de même,*
« *et* **confirme** *les Constitutions qui précèdent,*
« *telles qu'elles sont contenues dans cet exemplaire,*
« *et cela nonobstant toute opposition.* »

Ce décret était accompagné d'une lettre trop élogieuse pour la Congrégation de Jésus-Marie, pour que nous la passions sous silence. Elle était de Mgr Isoard, auditeur de Rote, et était adressée à la Révérende Mère Générale :

« Révérende Mère, je me réjouis avec vous de
« ce que, contrairement aux usages du Saint-
« Siège, votre pétition ait été exaucée *in extenso*
« alors que le Saint-Siège n'accorde, générale-
« ment, qu'un *bref laudatif*, à la première
« supplique qui lui est adressée.

« La Sacrée Congrégation, en s'écartant de ses
« règles ordinaires, a voulu reconnaître la notable
« diffusion atteinte par votre Institut, les fruits
« que déjà il a produit, et tous ceux qu'encore

« il est appelé à produire dans la vigne du Père
« de famille.

« Confiance, donc, puisque vous recevez, dès
« cette vie, et même dès aujourd'hui, la récom-
« pense de votre zèle ; bien plus grande, pour-
« tant, sera celle qui vous est réservée dans la
« céleste Patrie.

« Je suis, avec les sentiments les plus respec-
« tueux, votre très humble et très obéissant
« serviteur.

« L'auditeur de Rote pour la France,
Isoard VAUVENARGUE. »

Un autre témoignage éloquent des bénédictions de Dieu et de la protection maternelle de
la sainte Fondatrice, fut, et est, le développement toujours plus grand que l'Institut, fondé
par elle, a pris après sa mort, et le bien spirituel qu'il opéra et continue chaque jour d'opérer parmi les peuples, non seulement chrétiens,
mais encore infidèles.

Claudine Thévenet fut en vérité, l'instrument
dont Dieu voulut se servir pour enrichir
l'Église d'une nouvelle famille consacrée à sa
gloire et au salut des âmes.

Il faudrait nous étendre trop longuement pour
exposer toutes les fondations qui se firent après

le départ de Mère Saint-Ignace pour le ciel. Nous renvoyons le bienveillant lecteur aux tableaux suivants qui, avec la précise éloquence des chiffres et des noms, exposent le magnifique et rapide développement de la petite fondation de Fourvière en 1820.

Mère Saint-Ignace fit construire cette chapelle de l'année 1832 à l'année 1837 :
sa dépouille mortelle y fut exposée un mois et demi avant l'inauguration (27 mars 1837).

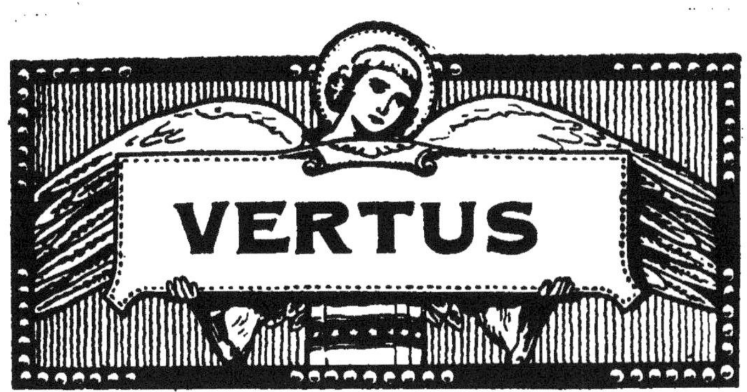

LES VERTUS DE MÈRE SAINT-IGNACE

Vous « êtes mortes et votre vie est cachée en Dieu avec Jésus-Christ ». Ces paroles de l'Apôtre que le vénéré Père Fondateur a répété cinq fois dans son épître à ses chère filles, furent le fondement et la base de la vie religieuse de Mère Saint-Ignace. Déjà comme membre de la Société qui avait pour devise les paroles de Notre-Seigneur : « *Apprenez de moi que je suis doux et humble de cœur* » et pour pratique constante : *Ne jamais parler de soi ni en bien ni en mal*, elle s'était exercée à cet oubli de soi-même, ce mépris de tout ce qui la concernait personnellement. « *Ayez sans cesse* « *devant les yeux*, dit le Règlement de la Société, « *cette sentence du pieux auteur de l'Imitation* : « *Aimez à être ignorée et à être comptée pour rien.* » Ce n'est donc pas surprenant que nous ayons si peu de documents sur notre Mère vénérée : ni les notes spirituelles qu'elle a dû écrire pour son usage personnel, ni le compte rendu de ses conférences à ses religieuses, ni même ses lettres aux maisons de Belleville, de Monistrol et du Puy. Elle a dû, dans son mépris d'elle-même, demander qu'on les détruise comme sans valeur, ou si elle ne l'a pas demandé, du moins a-t-elle si bien façonné ses compagnes à son esprit qu'elles l'ont fait d'elles-mêmes.

Cependant, la tradition constante de la Congrégation est que notre Mère fut très sainte, qu'elle possédait toutes les vertus à un haut degré. D'ailleurs, ses lettres aux membres de sa famille, qu'ils ont conservées avec un soin religieux, ses Rapports annuels pour la pieuse Association, les faits mêmes de sa vie trahissent l'héroïsme dont son cœur était pétri, l'ardent amour dont elle brûlait pour Dieu et pour les âmes.

Nous allons essayer de donner quelque idée des vertus qu'elle a pratiquées si généreusement et si constamment, afin de nous exciter à l'imiter, à suivre plus fidèlement notre Mère sur le chemin de notre sainte vocation, et devenir un peu moins indignes d'être ses filles en Jésus-Marie.

I

LES VERTUS THÉOLOGALES : LA FOI. L'ESPÉRANCE ET LA CHARITÉ

Foi de Mère Saint-Ignace.

La vie de Mère Saint-Ignace fut toute imprégnée de foi dès son enfance. Née de parents vertueux et très croyants, elle fut élevée dans un milieu où les commandements de Dieu et de l'Église étaient observés avec la plus grande exactitude ; elle donna

la pleine adhésion de sa belle intelligence à toutes
les vérités révélées et à tous les divins mystères.
L'héroïque geste de pardonner aux meurtriers de
ses frères dans le moment même de l'exécution, et
de refuser ensuite de dénoncer celui qui les avait
trahis, n'est autre chose qu'une expression de foi
et de charité. Elle vit toujours dans le prochain
l'image de Dieu et se dévoua toute sa vie aux œuvres
de charité et de zèle.

Son esprit de foi lui fit voir dans le P. Coindre,
son directeur, le représentant de Dieu à son égard :
elle lui obéit en tout et engagea les autres à la
même obéissance. Elle suivit fidèlement ses avis
pour la conduite de la Société, et quand il lui ordonna
de se réunir en communauté avec ses compagnes,
elle accepta comme venant de Dieu la mission d'être
Supérieure de cette communauté future, quoiqu'en
tombant à genoux et paraissant écrasée. La même
foi lui fit supporter les épreuves qui précédèrent
son départ du toit maternel, et les angoisses de
cette première nuit hors du foyer.

C'est par la foi qu'elle prononça les vœux de
religion et les garda fidèlement jusqu'à la mort ;
qu'elle fit tant d'efforts pour arriver à la perfection.
Si comme simple associée, elle pratiquait et recommandait aux autres tant d'exactitude au règlement,
tant d'assiduité aux prières, afin d'empêcher le
relâchement et pour ne pas perdre la présence de
Dieu ni se priver des faveurs qu'il accorde au ser-

viteur fidèle, quel a dû être son soin de plaire à Dieu lorsqu'elle se fut consacrée à lui par des liens sacrés? Sa foi était l'animatrice de sa prière. Dans le rapport des œuvres de la Société, en 1818, elle recommande que les méditations soient pratiques et se terminent toujours par la résolution de se corriger de son défaut dominant, résolution suivie d'une prière pour demander à Dieu la vertu dont on a le plus besoin. Comme religieuse, elle commençait toujours la journée par une fervente oraison. Pendant la dernière maladie du Père Coindre, nous la voyons passer une grande partie de son temps au pied du Tabernacle. Dans ses peines, elle allait répandre ses larmes et ses prières sur le bloc de pierre du Calvaire que les orphelines avaient fait dresser dans le jardin de la Maison-Mère à Fourvière. Dans toutes ses lettres elle se recommande aux prières de sa nièce et de sa famille. Nous trouvons dans sa correspondance des expressions comme les suivantes, qui paraissent avoir été ses sentiments habituels : « Le bon Dieu m'envoie bien des croix cette année et m'éprouve par bien des sacrifices ; heureuse si j'en profite pour expier mes péchés et me sanctifier. » (11 sept. 1828.) « Le bon Dieu vous a donné la plus grande consolation que puissent avoir des époux pieux, celle que votre petit bienheureux ait reçu le baptême. » (6 juillet 1833.) « Puisse ce Dieu si bon exaucer mes vœux et te conserver ton enfant que tu élèveras pour Lui en lui apprenant à le connaître et à l'aimer; c'est bien la seule et vraie consolation que nous puissions avoir dans cette triste vie qui est remplie de croix et d'afflictions. » (7 janvier 1835.) « Je finis, ma chère amie, en me recommandant à ta bonne prière, ainsi qu'à celle de ton cher mari ; nous ne vous oublions pas dans la nôtre. » (14 mars 1835.) « Vous irez présenter votre chère enfant à la Sainte Vierge et vous la mettrez sous sa protection d'une manière toute particulière. » (2 avril 1835.)

Mère Saint-Ignace était pénétrée de gratitude envers Dieu de l'avoir fait naître dans le sein de son Église, comme nous le voyons dans une lettre du 3 juillet 1834. Aussi elle a toujours prié et travaillé pour la conversion des hérétiques et de ceux qui avaient perdu la foi. Elle s'est engagée dans la vie religieuse pour sauver les âmes des enfants surtout celles des pauvres et des abandonnés ; et en tête du règlement des orphelines de la Providence, elle met l'instruction religieuse et la récitation du catéchisme.

Sa foi lui faisait accepter tout comme venant de Dieu ; elle se soumettait amoureusement à toutes les épreuves et à toutes les souffrances de la vie pour plaire à Dieu. Elle se nourrissait sans cesse des pensées de la foi, comme nous le montre le soin extrême qu'elle mettait à rédiger les notes des instructions données aux assemblées de l'Association, et les idées échangées sur le sujet spirituel qu'on y avait traité ; aussi pendant les longues heures d'inaction et de souffrances que lui occasionnait sa dernière maladie, elle s'occupait à rappeler les bontés de Dieu à son égard. Elle montrait sa foi aussi par un grand respect, une vraie vénération pour ses Directeurs, surtout le P. Coindre dont elle parla dans ses rapports comme « celui que Dieu nous a donné pour notre guide ».

Cette foi se manifestait encore dans le grand soin qu'elle apportait à tout ce qui regarde la chapelle et le culte. Elle aurait voulu que tout ce qui servait au Saint Sacrifice fût précieux et le moins indigne possible de Notre-Seigneur que sa foi lui montrait réellement présent sur l'autel ; à défaut d'objets précieux, elle insistait pour que tout soit d'une exquise propreté. Elle avait une grande dévotion pour la Sainte Messe, y assistant tous les jours, malgré les fatigues qui augmentaient avec les années, y communiant le plus souvent possible et avec grande ferveur. Ses instances auprès de son neveu pour qu'il lui donnât un souvenir journalier à l'autel, nous font voir combien elle y attachait de prix.

La piété de la bonne Mère envers la Sainte Vierge est une preuve évidente de sa foi. Elle l'aimait comme sa Mère du Ciel, elle travaillait avec le zèle d'une fille jalouse de la gloire de sa mère, à la faire aimer et honorer des autres. Même au milieu de ses angoisses de l'année 1834, elle s'inquiéta

moins de la perte probable de la propriété, que du
danger que le culte de Marie fût amoindri et son
église détruite si des fortifications se faisaient à
Fourvière. Elle obtient que son neveu et filleul
fût consacré à la Sainte Vierge à son baptême,
et recommanda qu'on fît de même pour les enfants
de sa nièce. Par sa confiance et ses prières, elle
obtint de Notre-Dame de Fourvière un miracle
en faveur d'une jeune orpheline alitée depuis
quatre ans. Amie intime et affectionnée de Pauline-
Marie Jaricot, elle dut s'associer de bonne heure
avec elle pour étendre la dévotion au Saint Rosaire.
Enfin, l'affection qu'elle portait à sa petite statue
de la Sainte Vierge, la confiance filiale avec laquelle
elle la pressait sur sa pauvre tête pendant sa dernière maladie, prouvaient combien elle regardait
Marie comme sa mère chérie.

Espérance.

S'il est, après la foi, une vertu dont une fondatrice
ait besoin plus que les autres pour commencer
et continuer son œuvre, c'est bien l'espérance !
Ce désir du Ciel, cette certitude que Dieu nous y
appelle, qu'il ne nous a mis dans ce monde que pour
mériter la gloire éternelle, et qu'il nous donnera
les moyens de l'atteindre, cette vertu de l'espérance Mère Saint-Ignace l'avait dans sa plénitude.
Depuis sa jeunesse elle méprisa les richesses de ce

monde, ne s'en servant que pour faire du bien aux autres et amasser des trésors éternels. Nous trouvons dans ses lettres des soupirs d'une âme exilée, comme le suivant : « Dans ce triste monde nous ne « goûtons jamais des plaisirs de longue durée, ce ne « sera que dans l'autre où nous serons tous un jour « réunis pour ne plus nous quitter. » (11 sept. 1834.)

Sa confiance en Dieu était celle d'un enfant ; défiante d'elle-même dans sa profonde humilité, elle s'appuyait absolument sur Dieu. En effet, la confiance en Dieu est une vertu qui éclate dans toute la vie de Mère Sainte-Ignace : dans son acceptation de la charge de fondatrice, parce que le Père Coindre lui dit que c'était la volonté de Dieu ; dans sa séparation d'avec sa famille pour s'engager dans une entreprise qui semblait « folle et présomptueuse » ; dans toutes les démarches qu'elle fit pour acheter la maison de l'*Angélique* à Fourvière et pour l'agrandir ; dans sa pratique de ne jamais refuser des orphelines même quand les ressources manquaient absolument. Cette confiance en Dieu la soutenait au milieu de toutes les épreuves de la vie : soit quand la mort de Mère Saint-Xavier, de Mère Saint-Borgia, et surtout celle du P. Coindre lui enlevèrent ses plus solides appuis ; soit quand on voulut réunir sa petite communauté à d'autres congrégations, ou en changer les règles et les usages soit enfin dans le douloureux conflit qui assombrit à ce propos la dernière année de sa vie. Tout ce qu'elle désirait, tout ce qu'elle cherchait, c'était de faire la volonté de Dieu en toutes choses et partout, et cette simplicité de vues lui donnait une grande confiance. Ce qu'elle entreprenait, c'était pour Dieu et Il le mènerait à bonne fin. Au milieu des angoisses de l'émeute comme dans la crainte du choléra, elle se montra toujours calme et 'confiante, soutenant les autres par ses paroles et ses exemples.

Son espérance lui faisait supporter tous les maux de cette vie, la maladie, les difficultés et les peines, non seulement avec patience mais avec joie : « Se réjouir des contradictions » était une des pratiques de la Pieuse Association, et Mère Saint-Ignace s'est toujours efforcée de le faire.

Sa confiance fut si grande que Dieu se plaisait quelquefois à la récompenser dès cette vie : témoin, les secours inattendus qu'elle reçut plusieurs fois après avoir recueilli des orphelines quand les ressources faisaient défaut ; la miraculeuse guérison de la jeune fille de la Providence, et la préservation de la maison pendant les émeutes, etc.

Dans ses derniers intants, son espérance devint plus forte que jamais. Elle ne craignait pas la mort, elle comptait sur le Ciel acquis par les mérites de Jésus-Christ ; elle confia sa communauté au bon Pasteur, et devant les reproches du P. Pousset elle demanda à Dieu le pardon de ses fautes, s'abandonnant entièrement à sa miséricorde.

Charité.

L'amour de Dieu fut le grand mobile de la vie de Mère Saint-Ignace. Dans sa jeunesse, cet amour la portait à observer tous les commandements de Dieu et de l'Église, à pratiquer la piété et la charité envers le prochain, etc. Par amour pour Dieu elle s'efforça de marcher toujours en sa présence, de faire tout pour lui plaire, d'éviter avec soin les moindres fautes. Par amour pour Dieu elle accepta volontiers toutes les épreuves de la vie, conservant dans les maladies, les contradictions et les peines une admirable et parfaite résignation qui la laissait toujours calme, douce et sereine. Dieu seul était le principe et la fin de toutes ses actions. Elle se servait de sa grande influence sur les enfants et les religieuses pour les porter à l'amour de Dieu et du devoir. Le devoir, pour elle, était quelque chose de sacré, comme l'expression de la volonté de Dieu. Elle disait souvent : « *Mes filles, soyez amantes* « *de votre devoir, délicates pour la vertu de la sainte* « *pauvreté; que votre obéissance soit aveugle, et la* « *charité comme la prunelle de vos yeux. Ainsi unies* « *vous serez toujours fortes.* » Ce qu'elle enseignait, elle le pratiquait toujours ; elle montrait surtout un grand zèle pour le salut des âmes et une union constante avec Dieu. (Raconté par Sœur Saint-Bernard dans la porterie.)

Elle désirait ardemment la perfection de ses filles et s'efforçait de les faire marcher généreusement dans les voies de Dieu. Elle avait horreur pour elle-même des moindres fautes. Nous voyons cela dans son zèle à observer et à faire observer tous les points de la Règle, dans son soin d'avoir toujours la permission de son directeur ou du supérieur ecclésiastique de la maison.

Jamais on ne l'a vue faiblir en face d'un devoir à accomplir ou d'un sacrifice à faire, sa volonté puisant toute son énergie dans un parfait abandon à Dieu, dont le bon plaisir était devenu la règle d'une vie toute d'amour. Les contradictions et les souffrances ne faisaient qu'augmenter son amour de Dieu. Ses dernières paroles furent un cri d'amour et de reconnaissance : « QUE LE BON DIEU EST BON ! »

A son ardente charité envers Dieu, elle joignait un grand amour pour la Sainte Vierge. Elle devint membre d'une Association qui avait pour but « d'inspirer et de ranimer la dévotion envers Marie, et d'honorer le très Sacré Cœur de son Fils adorable » ; elle consacra sa Congrégation à Jésus et à Marie. Au moment de chercher une nouvelle maison en dehors des *Pierres Plantées*, elle comprit que « *la Sainte Vierge ne veut pas que rien se fasse sans elle* », et dès ce moment elle la consulta en tout. Le jour où l'on quitta les « Pierres Plantées », pour s'installer à l'Angélique, Mlle Thévenet alla consacrer à Notre-Dame de Fourvière sa famille religieuse. Elle avait fait de même avant et après son voyage à Monistrol où elle prononça ses vœux. Elle fit consacrer son neveu et filleul à Marie à son baptême, et recommanda à sa nièce d'en faire autant pour ses enfants. Sa confiance en la Sainte Vierge obtint la guérison miraculeuse d'une enfant, comme nous l'avons déjà dit. Ses lettres sont pleines de sollicitude pour qu'on ne nuise pas au culte de Notre-Dame de Fourvière. Le 2 avril 1835, elle écrit à M. Perroud-Mayet : « *Vous irez présenter* « *votre enfant à la Sainte Vierge et vous la mettrez* « *sous sa protection d'une manière toute particu-* « *lière.* » Elle raconte deux miracles opérés par la Sainte Vierge au Puy, et finit ainsi : « Puissent « tous ces miracles réveiller la foi et convertir les « incrédules ! »

Elle avait aussi une grande dévotion pour son Patron saint Ignace, pour saint Lousi de Gonzague et autres saints.

Sa charité envers Dieu se montrait surtout par une charité héroïque et sans bornes envers le prochain, dans lequel elle voyait l'image de Dieu, une âme rachetée par le sang de Jésus-Christ. Elle avait un désir ardent du salut des âmes, de la conversion des hérétiques et des incrédules, et des pauvres pécheurs, mais elle ne se bornait pas aux désirs, ni même aux prières : elle se dévouait à visiter les pauvres et les malades, à enseigner le catéchisme, à faire connaître et aimer Dieu par les enfants ignorants. C'est dans ce but qu'elle se consacra à Lui dans la vie religieuse. Nous avons vu quel amour saint et actif elle avait pour les orphelines de la Providence, et pour ses filles spirituelles de la communauté. Tout ce qui concernait sa famille religieuse la touchait au vif ; elle prenait sa grande part des joies et des peines de chacune, et cherchait à faire régner la charité mutuelle dans la maison. Elle montrait une amabilité, une patience étonnante, même au moment de ses grande souffrances. Elle ne connaissait pas l'égoïsme pour elle-même et le flétrissait dans les autres. Au parloir, elle était d'une affabilité, d'une courtoisie charmante, elle se plaisait à rendre service aux autres, et témoignait sa reconnaissance pour tous les services qu'on lui rendait.

La charité était le sujet habituel de ses exhortations. Sa charité lui faisait supporter les défauts des autres et trouver toujours une bonne parole pour la défense du prochain. Elle rappelait souvent ce précepte du Sauveur : « Ne pas faire aux autres « ce que nous ne voudrions pas qui fût fait à nous- « mêmes. » Nous avons vu quelle tendre affection elle avait pour ses religieuses, quelle patience elle montrait envers celles qui ne voulaient pas suivre ses conseils, quelle longanimité envers ceux qui la contrariaient. Pour les pauvres, elle eut toute sa vie un amour particulier et surnaturel. Elle aimait à les visiter, à les consoler, elle s'apitoyait sur leur sort, et leur faisait toujours l'aumône. Quand il fut question de sacrifier pour un temps ou le pensionnat ou l'orphelinat, elle n'hésita pas à garder de préférence les enfants pauvres, bien que le départ des autres dût compromettre les ressources de la maison. Sa charité la rendait sympathique envers toutes celles qui étaient dans la douleur. Ses filles le savaient ; elles venaient sans crainte frapper à la porte de leur mère dans les heures de tristesse. Elle était leur vraie mère, et avant de mourir elle leur promit qu'elle ne les oublierait pas dans le paradis : « Une supérieure sera toujours une mère au Ciel » dit-elle.

Sa charité ne s'étendait pas seulement aux vivants, mais aussi aux âmes du Purgatoire. Elle écrit à sa nièce : « Je recommande bien la sœur « de ton mari aux prières de la communauté, quant « à moi en particulier, je ne l'oublie pas devant Dieu. « Je dis souvent pour le repos de son âme le *De* « *Profundis* que l'on sonne tous les soirs à Four- « vière. » (8 janvier 1833.)

II

LES VERTUS CARDINALES : PRUDENCE
JUSTICE, TEMPÉRANCE, FORCE

La Prudence.

La prudence est une vertu nécessaire à tout chrétien, mais surtout à ceux qui sont chargés de la direction et du soin des autres. Or, Mère Sainte Ignace en même temps qu'elle pratiquait les vertus théologales, se distingua par les vertus cardinales, surtout par une rare prudence qui lui faisait toujours choisir les moyens les plus précis et les plus sûrs pour arriver au salut éternel et mener à bonne fin ses œuvres pour la gloire de Dieu. Elle réglait toutes ses paroles et toutes ses actions selon les lumières de la raison, les exemples des saints et les ordres de ses directeurs, surtout du P. Coindre. En étudiant la vie de Mlle Thévenet, la prudence est peut-être, après la bonté, une des vertus qui nous frappent le plus. Déjà, comme jeune fille, elle en avait donné des preuves dans sa conduite pendant la *Terreur*.

Comme Présidente de la Pieuse Association des demoiselles, il lui fallut une grande prudence pour diriger le troupeau dans la bonne voie, pour faire observer le règlement sans froisser personne, pour

faire la charité sans laisser abuser de sa bonté.
Dans sa famille, elle fuyait la paresse, employant
son temps à la prière, au travail, aux affaires domestiques. Comme fondatrice, elle montra tout de suite
cette vertu par le choix des sujets. La bonne fille
qu'elle prit pour surveiller l'atelier des *Pierres
Plantées* devint une religieuse, sous le nom de
Sœur Saint-Esprit, édifia la Congrégation jusqu'à
la fin de ses jours et attira beaucoup d'autres Sœurs
ouvrières. Puis, dans les premiers huit ans, Mère
Saint-Ignace n'accepta qu'un tiers des personnes
qui se présentèrent pour faire partie de la Congrégation, et ce n'est que la très petite exception
qui ne justifia pas son choix. Elle montra aussi
une grande prudence dans l'organisation de sa
congrégation, dans l'emploi de la journée pour les
élèves du Pensionnat et les orphelines, et dans
tous les détails de la vie.

L'achat de la maison de l'*Angélique* et les cons-
tructions qu'elle y fit, ont pu paraître des entre-
prises imprudentes aux yeux du monde, vu le
peu de ressources dont on pouvait disposer, mais
avec une vraie prudence elle savait que cela était
nécessaire pour l'extension de l'œuvre, et que Dieu
viendrait à son secours. Cependant, elle ne faisait
rien arbitrairement, elle priait d'abord, puis elle
demandait avis et conseil.

Avant de construire la chapelle à Fourvière, elle
consulta la Commission diocésaine sur l'opportunité

de ce travail après les récentes agitations populaires. Quand on voulut réunir sa communauté à d'autres congrégations, elle consulta des personnes éclairées, elle réunit plusieurs fois son Conseil ; enfin, elle en appela à la haute protection de Mgr de Pins, administrateur du diocèse.

A sa prudence elle joignait une grande simplicité dans ses intentions, dans ses paroles, dans tout son maintien qui était à la fois noble et simple. Elle était ennemie de toute duplicité. Elle faisait son devoir simplement, sans se soucier de ce qu'on pourrait penser ou dire d'elle.

Ce fut vraie prudence de la part de Mère Saint-Ignace de faire tant d'efforts pour conserver l'esprit du P. Coindre parmi ses filles, puisque c'était à lui que Dieu avait révélé sa volonté à l'égard de la petite Congrégation ; prudence aussi de faire consister la mortification générale des religieuses surtout dans la parfaite observance de la Règle et dans le dévouement aux élèves. Elle se montrait elle-même exacte observatrice des règlements et tenait fortement à la régularité générale. Ce ne fut pas sans difficulté que M. Rey obtint d'elle la permission pour les Sœurs de converser entre elles en travaillant à la construction de la chapelle. Le père de deux Sœurs auxiliaires sollicita la visite de ses deux filles, pour les revoir avant de mourir. Mère Saint-Ignace ne se crut pas en droit d'autoriser ce voyage, qui était contraire aux règlements, mais elle adoucit le refus en engageant le bon vieillard à faire encore ce sacrifice à Dieu, ce qu'il fit de bon cœur.

Elle ne laissait jamais enfreindre le moindre point des Règles sans faire des reproches ou donner une punition ; si la faute se renouvelait à un intervalle trop rapproché, ou si elle était de nature à exercer une fâcheuse influence sur d'autres, la Supérieure exigeait que l'on réparât la mauvaise impression produite, et que l'on se soumît généreusement aux actes qui étaient imposés. Elle craignait avant tout le relâchement et mettait un grand soin à écarter les causes qui pourraient le produire. Elle alla même jusqu'à exclure un sujet qui refusait d'écouter ses conseils et suivre ses avis, voulant avant tout dans sa congrégation l'obéissance.

La sagacité et l'esprit pratique de Mère Saint-Ignace lui faisaient prévoir les difficultés et prendre les moyens pour les éviter ou les surmonter. Aussi le P. Coindre compta beaucoup sur la prudence et la capacité de sa fidèle coopératrice dans la fondation de l'Œuvre. Il continuait ses courses apostoliques, certain que pendant ses absences fréquentes et prolongées, Mlle Thévenet gouvernerait la petite communauté selon son désir et avec une parfaite discrétion. « Il en sentait une « assurance, une sécurité qui lui donnait tous les « jours une conviction plus grande que c'était bien

« Dieu lui-même qui avait su donner une telle mère
« pour ses enfants et un tel cœur pour son œuvre. »

Une disposition prononcée pour les choses
extraordinaires lui était justement suspecte, elle
était loin de la favoriser et travaillait à former ses
filles à la simple pratique des devoirs communs,
accomplis avec le plus de perfection possible, uni-
quement pour plaire à Dieu. Dès le principe, elle
éloigna le danger des prétendues visionnaires et
inspirées, et s'appliqua à avoir des religieuses
actives, énergiques, équilibrées, sachant se dévouer
et s'appliquer consciencieusement à leurs emplois
et au bien commun.

La prudence brillait dans toute la conduite de
Mère Saint-Ignace comme Supérieure des Religieuses des Saints-Cœurs de Jésus et de Marie.
Rien n'était capable de la faire sortir de son calme ;
elle envisageait tranquillement les difficultés, elle
ne cédait jamais à l'irritation. Rien n'échappait
à son œil vigilant, mais elle avait un cœur de mère ;
elle savait être décisive, mais elle savait aussi
tenir compte de la faiblesse humaine. Elle mêlait la
douceur et la fermeté pour animer ses filles à la pour-
suite de la perfection. Sa prudence se montrait non
seulement dans sa manière de les reprendre, mais
dans les paroles qu'elle savait trouver, soit pour
les exhorter, soit pour les consoler dans leurs
peines et leurs besoins spirituels. Elle savait les
guider toutes conformément à leur tempérament,

leur caractère et leur degré de perfection. On sentait aussi dans ses paroles une stricte équité qui s'éloignait de toute considération de personne. Sa discrétion fut visiblement bénie de Dieu, puisque régnait dans la communauté une grande régularité, une obéissance parfaite, et une douce charité fraternelle.

Envers les enfants de la Providence, Mère Saint-Ignace montrait une prudence égale, les encourageant, les animant, les corrigeant au besoin. La plus grande pénitence pour ces enfants était de penser qu'elles avaient fait de la peine à leur Mère aimée. Elle formait ces jeunes âmes à la piété et cherchait à leur faire acquérir des habitudes de vertu qui les protègeraient plus tard contre les séductions du monde ; elle ne les perdait pas de vue quand elles quittaient la maison, mais s'assurait qu'elles étaient bien placées, et de loin veillait sur elles. Pendant leurs années de formation, elle insistait pour qu'elles apprennent tout ce qui pourrait les rendre utiles au foyer, et en faire en même temps d'habiles ouvrières. Elle les exhortait à rester neutres dans les agitations organisées pour obtenir un plus haut salaire ; elle-même l'acceptait si on l'offrait, mais ne le demandait pas. Le devoir qu'on imposait aux enfants de faire leur propre trousseau et de placer leurs petites épargnes les formait à des habitudes de prévoyance et d'économie qui devaient leur servir plus tard.

La vie de Mère Saint-Ignace était si bien réglée qu'elle ne perdait pas une minute : même dans sa dernière maladie elle s'occupait des affaires de la Congrégation par ses conseils aux religieuses. Que de prudence elle montre aussi dans ses difficultés avec le P. Pousset, n'en disant rien à ses filles, cachant ses peines et ses ennuis, et en faisant des occasions de gagner des mérites pour le Ciel !

Ce n'est pas seulement dans la conduite des autres que la prudence de Mère Saint-Ignace se manifestait ; dans tout ce qui touchait sa vie personnelle, elle montrait une grande discrétion, par son maintien toujours digne et réservé, par les précautions qu'elle prenait pour se garantir contre toute occasion de danger, par ses relations pleines de foi et de révérence avec ses directeurs, qu'elle regardait comme les représentants de Dieu, par la circonspection qui entourait toutes ses actions et toutes ses démarches. Elle vivait de la vie de communauté avec ses filles autant que ses forces le lui permettaient ; sa conversation était intéressante et agréable et tout ce qu'elle disait était plein de jugement. Quand on lui portait des plaintes, elle prenait parti pour l'accusée en l'excusant, mais en promettant de l'en avertir pour une autre fois.

La Justice et la Tempérance.

La vertu de Justice se lie avec la prudence dans la vie de notre Mère Fondatrice. Elle se montra juste envers Dieu en lui rendant le culte et l'honneur qui lui sont dus, et en consacrant toute sa vie à son amour. Elle fut juste envers elle-même parce qu'elle chercha, avec grand soin et ferveur, la plénitude de sa sanctification dans la pratique de toutes les vertus. Elle fut juste envers son prochain, en accomplissant toujours ses devoirs à l'égard des autres : respectueuse et obéissante pour ses parents, ses directeurs et ses supérieurs, aimable et affable pour tout le monde, elle ne voulait jamais déranger personne ni occasionner la moindre peine. Elle se montrait empressée et attentive à défendre l'honneur du prochain ; sa reconnaissance pour tout ce qu'on faisait pour elle était grande, parce qu'elle ne se croyait en droit de rien attendre des autres. Sa justice était réglée par la charité, et elle avait un grand respect pour la vérité. Dans les choses extérieures, nous la voyons exercer cette vertu par le soin qu'elle met à accomplir son devoir, par sa libéralité à payer le supplément de travail des petites orphelines, et par la peine qu'elle prend à mettre les maîtresses à la hauteur de leur tâche d'éducatrice. Aussi, elle ne manquait pas de reprendre quand c'était nécessaire, et par un sentiment de justice elle exigeait qu'on réparât les mauvaises impressions qu'on aurait données.

Quand une Sœur auxiliaire à Belleville fut accusée d'avoir volé une montre, comme la supérieure parlait de la renvoyer, Mère Saint-Ignace s'opposa résolument à cette exclusion parce que on n'avait pas de preuves évidentes de sa culpabilité ; la suite des événements montra combien cette décision avait été prudente et juste, car la vraie coupable, vint, deux ans après, avouer sa faute, et la Sœur confessa qu'elle n'avait pas voulu protester de son innocence afin de pratiquer l'humilité.

Mlle Thévenet fut aussi un modèle accompli de tempérance et de mortification, vertus si nécessaires à l'âme religieuse, et qu'elle pratiqua dès son enfance.

La Force.

La Force est la quatrième vertu cardinale. Dans notre pèlerinage ici-bas, nous avons tous besoin de la Force ; mais si les croix sont le partage de toute âme chrétienne, combien plus le sont-elles de ceux que Dieu choisit pour établir une famille nouvelle dans son Église? Qui dit fondateur ou fondatrice dit ordinairement persécuté et souffrant.

Aussi la vertu de Force resplendit avec un vif éclat dans la vie de Claudine Thévenet. Au milieu de difficultés sans nombre, de souffrances continuelles du corps et de l'esprit, elle garda, sans jamais se décourager, une paix et une résignation admirables. Toute jeune encore, Claudine connut la souffrance ; pendant le siège de Lyon, en face des angoisses de sa mère et dévorée elle-même d'anxiété pour ses frères chéris elle oublia les privations bien réelles qu'on avait à soutenir ; et si la mort tragique des deux jeunes héros vint ébranler sa forte constitution et broyer son cœur, elle n'abattit par son courage.

Au moment de sa fondation, nous la voyons supporter généreusement, en silence, les tendres reproches de sa mère, les ironies des membres de sa famille, les railleries et les médisances des gens du dehors. Les doutes, la défiance, les dégoûts qu'elle éprouva firent de la première nuit aux *Pierres Plantées* une nuit de martyre, qu'elle n'oublia jamais, mais elle ne recula pas. Dès que le P. Coindre lui eût déclaré la volonté de Dieu à son égard, elle n'hésita plus, et jusqu'à la fin de sa vie elle avança d'un pas ferme dans la voie des souffrances et des sacrifices. Nous avons vu les épreuves des commencements, la pauvreté au dedans, la dérision au dehors. Toute sa vie, Mère Saint-Ignace eut à lutter contre les difficultés pécuniaires, et il faut avoir passé par là pour savoir combien les soucis de cette nature usent l'esprit, font défaillir le cœur et finissent par réagir sur la constitution physique. Puis, elle eut toujours à lutter contre une certaine indifférence : sa Congrégation n'a jamais eu de protecteurs puissants comme tant d'autres ; dès le commencement elle n'a eu d'autres promoteurs que Dieu seul. Cependant, ni la pauvreté, ni les défections, ni la mort de ses collaboratrices, ni les luttes quotidiennes pour conserver l'autonomie et l'esprit de la Congrégation, ni même la maladie et le danger physique ne pouvaient altérer ce calme habituel d'une âme forte de sa confiance en Dieu et de son entière soumission à sa volonté.

III

LES VERTUS RELIGIEUSES : PAUVRETÉ CHASTETÉ, OBÉISSANCE

La Pauvreté.

« La vertu de pauvreté est une disposition de l'âme qui la tient détachée des biens de ce monde et lui apprend à ne s'en servir que pour Dieu », dit notre Règle. Cette disposition avait distingué Mlle Thévenet dès son enfance. Elle estimait si peu les biens de cette terre qu'elle les distribuait librement et généreusement aux pauvres, dépensant ses forces, son temps, son patrimoine pour le prochain, trouvant dans ses malheurs mêmes un motif de plus pour se détacher et pour faire le bien. Plus tard, elle fit le vœu de pauvreté et y demeura fidèle toute sa vie. Son œuvre fut fondée « sur la pauvreté, sur le rien », son jeune neveu ne pouvait comprendre comment sa vénérable tante, qui était si bien au foyer paternel, pouvait aller passer ses journées dans le misérable logis aux *Pierres Plan-*

tées. Il ne comprenait pas alors qu'elle trouvait ses délices à ressembler à Notre-Seigneur qui s'était fait pauvre par amour.

Quelle ne fut pas la pauvreté de la communauté naissante dans cet humble réduit, et encore à l'*Angélique!* On donnait le meilleur de toutes choses aux orphelines, et les religieuses acceptaient joyeusement ce qui restait. Par esprit de pauvreté, Mère Saint-Ignace recommandait une grande frugalité et économie, tout en veillant à ce que les religieuses comme les enfants ne manquassent jamais du nécessaire ; elle examinait elle-même les provisions, le travail des Sœurs et des orphelines, ne trouvait insignifiant aucun des détails du ménage. Elle était très sévère pour elle-même, raconta la lingère d'alors, pratiquant soigneusement la pauvreté, mais pour les autres elle avait un cœur de mère. « Soyez délicates pour la vertu de la sainte Pauvreté », disait-elle à ses filles. Par esprit de pauvreté, elle ménageait son temps : elle s'était fait un règlement, donnant une large part au bon Dieu et le reste à la communauté, aux soins de la maison et aux affaires. Même pendant sa dernière maladie, elle s'occupait de ce qui concernait la Congrégation.

A Fourvière, tout respirait la pauvreté religieuse, avec le décorum nécessaire ; une grande frugalité présidait aux repas, mais quand la santé des religieuses demandait un régime moins austère, c'est encore par esprit de pauvreté et de charité qu'elle ordonnait tout ce qui était nécessaire, sans laisser perdre le caractère de sévérité primitif.

Dans le domaine spirituel, Mère Saint-Ignace pratiquait aussi la pauvreté, s'appliquant à ne laisser perdre aucune des grâces que Dieu lui donnait, mais à profiter de toutes pour la vie éternelle, suppliant ses parents et ses amis de lui faire l'aumône de leurs prières.

La Chasteté.

La Chasteté fut une vertu que Mère Saint-Ignace aima souverainement toute sa vie. Comme enfant et jeune fille, elle veillait sur son cœur pour le garder pur et chaste, elle évitait avec soin les occasions dangereuses, ne se liant qu'avec des personnes pieuses. Elle entra premièrement dans une société de vierges, l'Association fondée par le P. Coindre, dont elle devint présidente. Plus tard, comme religieuse, elle fit vœu de chasteté. Ennemie de tout ce qui flatte les sens, elle mortifia constamment ses goûts, ses désirs, tous ses sens , et ne permit à aucune affection humaine de s'interposer entre elle et Dieu. Son regard limpide et pénétrant nous montre un cœur pur qui voit et déroute les embûches du démon. Elle avait une grande dévotion envers Marie Immaculée, et envers saint Louis de Gonzague, patron des vierges. Son horreur pour le

vice lui faisait appliquer tous ses efforts à en préserver les jeunes filles et les enfants, et à les tourner
vers l'amour de Dieu.

L'Obéissance.

Mère Saint-Ignace se distingua par son obéissance. « Il est une vertu non moins essentielle
« (que l'humilité) et qui est pour nous d'une néces-
« sité indispensable, c'est l'obéissance, et cette obéis-
« sance doit être sans bornes pour celui que Dieu
« dans sa miséricorde et dans sa bonté infinie nous
« a donné pour former, conduire et diriger notre
« petite Société et nous enseigner le chemin qui
« conduit à toutes les vertus et c'est l'obéissance
« seule qui peut nous y faire parvenir. C'est elle
« seule aussi qui peut assurer la durée d'une société,
« rendre les liens indissolubles, maintenir la paix et
« l'union entre tous les membres qui la composent,
« les réunissant tous dans une seule et même
« volonté, celle du chef qui la gouverne ; et dans
« toutes les circonstances ils ne voient dans sa
« volonté que celle de Dieu dont il est pour eux
« l'interprète et l'organe (1). »

Tels étaient les sentiments de Mère Saint-Ignace
sur l'obéissance, avant même d'entrer dans la vie
religieuse. Elle pratiqua cette obéissance jusqu'à

______

(1) Rapport de la Présidente Mlle Thévenet le 31 juillet 1817.
Registre des Assemblées.

la fin de ses jours, témoin ces paroles de son neveu, parlant des dernières années de sa tante : « Autant que je m'en suis aperçu, la Mère Ignace ne faisait rien qui fût en dehors de la voie commune sans la permission expresse du père spirituel épiscopal de la maison (1). Il me semble que j'entends encore ce mot : « *avec la permission de M. Cattet.* »

Appelée à fonder une congrégation et à la gouverner jusqu'à sa mort, elle ne vécut jamais hors de l'obéissance. Comme enfant et comme jeune fille elle avait déjà pratiqué cette vertu, observant les lois de Dieu et de l'Église, obéissant à tous les désirs de ses parents ; mais après son entrée dans l'Association fondée par le P. Coindre, l'obéissance et l'humilité devinrent ses vertus d'attrait. Les moindres prescriptions du bon Directeur lui étaient loi. Même après la mort du fondateur, elle ne voulait rien faire, rien permettre qui fut en dehors de ce qu'il avait voulu. C'est à cause de cette docilité, de cette unité de vues avec celui qui tenait la place de Dieu à son égard que Mère Saint-Ignace a pu suppléer au Père Fondateur durant ses courses apostoliques. Il savait qu'il pouvait compter sur elle et il partait tranquille. Stricte observatrice elle-même de tous les points de la Règle, elle tenait fortement à ce que les religieuses l'observassent généreusement, procédant même à

____

(1) M. Cattet, vicaire général.

l'exclusion d'un membre qui refusait obstinément de se soumettre ; parce que la fondatrice voulait avant tout l'obéissance dans sa communauté. L'obéissance et la simplicité sont les deux caractères qu'elle a imprimés à sa Congrégation. Nos premières Mères et Sœurs, et celles formées par elles, en étaient si pénétrées que la parole : *Notre Mère l'a dit* (parlant de leur Supérieure actuelle, quelle qu'elle fût), était assez pour les faire obéir comme à un ordre du ciel.

IV

LA RÉPUTATION DE SAINTETÉ

La douleur causée par la mort de Mère Saint-Ignace, fit bientôt place au sein de la Communauté à une immense confiance. La sainteté de sa vie, la sainteté de sa mort étaient le gage certain que du haut du Ciel, elle continuerait à veiller sur son œuvre. Aussi de ce moment, ses filles la considèrent comme une sainte, au sens restreint du mot, et commencent à l'invoquer espérant d'elle une spéciale protection.

De précieux témoignages nous sont parvenus qui montrent quelle vénération avaient pour Mère Saint-Ignace les religieuses qui la connurent, et combien elles tenaient pour certaine la sainteté de leur Fondatrice.

Voici ce qu'écrit Mère Marie-Saint-Régis religieuse du Canada : « Mère Saint-Clément, ma maî-
« tresse au noviciat en 1873-1874, travaillait avec
« ferveur à nous inculquer l'esprit de notre Mère
« Fondatrice : esprit d'humilité profonde et de cha-
« rité héroïque. Elle aimait à nous raconter les traits
« caractéristiques de cette vie si remplie par le zèle,
« le dévouement, et surtout la vraie humilité. Notre
« Mère Fondatrice, nous disait-elle, voulait pour sa
« Congrégation naissante des âmes humbles et chari-
« tables. Oh ! la charité, elle a brillé dans toute sa
« vie ! Elle aimait son Jésus et le servait dans les
« pauvres. Les enfants les plus déshéritées étaient
« ses privilégiées. »

Et bonne Mère Saint-Clément voulant nous
former sur ce modèle idéal nous répétait souvent
des avis analogues à celui-ci : « Mes petites Sœurs,
« vous n'êtes qu'un grain de sable pour le sublime
« édifice de nos saints Fondateurs, mais, si vous
« savez être bien humbles, si vous savez bien aimer
« le bon Dieu, ce petit grain de sable s'unira au
« ciment des vertus de nos saints Fondateurs, et
« vous aurez l'insigne honneur de contribuer à main-
« tenir ferme et prospère la Congrégation qui vous
« reçoit et qui sera toujours votre famille aimée. »

Que de belles récréations nous avons passées,
groupées autour de bonne Mère Saint-Clément qui
nous enthousiasmait par des récits intéressants
de notre Mère Fondatrice, ses actes de zèle, de

dévouement toujours imprégnés d'une humilité profonde et d'une ardente charité. Quelquefois elle nous parlait des grandes épreuves des premiers jours, épreuves qui faisaient grandir la confiance et l'amour dans l'âme de notre chère Mère Fondatrice.

De la même religieuse : « Mère Saint-Julitte « ma supérieure à Trois-Pistoles, en 1876, nous « redisait souvent les vertus héroïques de notre « Mère Fondatrice. Elle disait que le souvenir de « tout ce qu'elle avait entendu raconter de cette « Mère incomparable suffisait pour ranimer son cou- « rage dans tous les sacrifices. Souvent elle nous rap- « pelait le zèle qui enflammait Mère Saint-Ignace, « elle nous exhortait à l'amour de la sainte Règle, « et à l'humilité, nous demandant de nous dépenser « pour le salut des âmes. »

De la même encore : « A Saint-Gervais (Canada), en 1880, je reçus une lettre de regrettée Mère Saint-Pothin (1). Cette bonne Révérende Mère disait : « Que dans votre petite mission de Saint-Gervais « votre famille religieuse soit fidèle à garder notre « sainte Règle. Qu'on se souvienne des vertus « héroïques de notre Mère Fondatrice : surtout « sa grande humilité, sa sublime charité pour Dieu « et les âmes. Soyez bien unies, que l'esprit reli- « gieux domine parmi vous; c'est ainsi que toutes « répondront aux désirs de notre Révérende Mère

---

(1) Quatrième Supérieure Générale.

« Fondatrice qui nous a laissé le souvenir vivant
« de toutes les vertus religieuses. »

Deux autres religieuses Mère Marie-Sainte-
Dorothée et Mère Saint-Jérôme envoient de Sillery (Canada), ce nouveau témoignage : « Nous
« déclarons avoir toujours entendu dire dans la
« Communauté que Mère Saint-Ignace notre Fon-
« datrice était remarquable par son humilité, sa
« charité, sa grande bonté envers les pauvres et les
« orphelines.

« Nous sommes entrées dans la Congrégation
« de Jésus-Marie, à Levis du temps de Mère Saint-
« Cyprien et de ses premières compagnés françaises.»

Cette fois c'est l'Espagne qui témoigne de ses
traditions au sujet de la sainteté de Mère Saint-
Ignace.

Maison de Barcelone, rue Caspe, 52.

18 février 1923.

« Ma Révérende Mère,

« Notre Mère m'a lu la lettre que vous lui avez
écrite, et c'est avec plaisir que je vous dirai ce que
j'ai entendu dire par la Sœur Saint-Bernard au
sujet de notre vénérée Mère Fondatrice.

« Je voyais cette bonne Sœur seulement quand
elle allait à la porterie de la pension, où elle était por-
tière, parce qu'elle passait par l'endroit où je me

trouvais. Bien souvent je l'ai entendu répéter :
Notre Révérende Mère Fondatrice nous disait :
« Mes filles, aimez votre devoir, observez scrupu-
« leusement la vertu de Pauvreté, que votre obéis-
« sance soit aveugle, gardez la charité comme la
« prunelle de vos yeux, et ainsi, unies par tout
« ce que je vous recommande, vous serez toujours
« fortes. » Ce qu'elle prêchait aux autres, elle le
pratiquait elle-même, et l'on remarquait surtout
le zèle ardent qu'elle avait pour le salut des âmes
et sa constante union avec Dieu.

« Cette Sœur Saint-Bernard était tellement
remplie d'amour pour son devoir qu'on la voyait
à 70 ans, malgré la rigueur de l'hiver, aller chaque
jour à la porterie et y rester jusqu'à l'heure du
dîner où l'on venait la remplacer, sans jamais
manifester d'impatience ; au contraire elle paraissait toujours contente et joyeuse.

« J'ai aussi entendu dire à Mère Saint-Clotilde,
qui était lingère à Lyon, pendant que j'y résidais,
que Notre Révérende Mère Fondatrice était sévère
pour elle-même et avait pour les autres un cœur
de mère.

« Voilà tout ce que je puis vous dire, ma Révérende Mère, parce qu'on ne m'a pas raconté de faits
particuliers.

« Nous aurions une grande joie si Notre-Seigneur
nous donnait de voir un jour notre Révérende
Mère Fondatrice sur les autels, c'est à cette inten-

tion que je prierai d'une manière spéciale en ces jours de préparation au centenaire de ses Vœux. Je ne manquerai pas de demander à Dieu qu'il vous accorde, ma Révérende Mère, toutes les grâces que vous désirez.

« Votre fille respectueuse et dévouée,

« Sœur Sainte-Anne, R. J. M. »

L'ŒUVRE DE CLAUDINE THÉVENET A LYON

1816-1837

France.

1re Période.	Croix-Rousse	Aux Chartreux : Première création, « La Providence » Pierres Plantées, « 2e Providence ».	1816-1825 1818-1820
2e Période.	Fourvière	*Deux établissements :* Providence, Pensionnat, Noviciat, *Maison Mère.*	1820-1837
	Fondations sorties de Fourvière.	Belleville, Monistrol, Le Puy, Pensionnats, Externats, Classe des Pauvres.	

DÉVELOPPEMENT DE L'ŒUVRE

France.

Fondations sorties de Fourvière.

1.

Cinq établissements :

Pensionnats, Externats, Pension pour Dames.

Noviciat.

Maison-Mère à « Fourvière ».

1837-**1901**

Indes Orientales (1842).

2.

Treize établissements :

Orphelinats, Dispensaires, Visite aux pauvres indigènes dans les villages, Instruction religieuse aux indigènes, aux protestants, etc. Orphelinats pour Européennes, Eurasiennes et Indiennes. Écoles industrielles, Cours pour les Institutrices, École Normale, Pensionnats, Demi-Pensionnats, Externats, Catéchismes, Associations.   (3.478 élèves.)

Noviciat européen.

Noviciat indigène pour les Sœurs Affiliées.

Maison Provinciale, à « Simla. »

Espagne (1850).

3. $\Big\{$

Treize établissements :
dont deux au Mexique (1), et un à Cuba.
(600 élèves.)

Pensionnats, Demi-Pensionnats, Externats, Écoles gratuites, Écoles nocturnes d'ouvrières, Œuvres sociales, Œuvres des missions, Œuvres des Tabernacles, Associations des anciennes élèves Dames et Demoiselles, etc. (2.828 élèves.)

Noviciat mexicain à « El Paso », frontière des États-Unis.

Noviciat et *Maison Provinciale,*
à « San Gervassio », Barcelona.

République Argentine (1912).

Fondations sorties de l'Espagne. $\Big\{$

Cinq établissements :
Institut Professionnel d'Économie domestique, Cours commercial. Centre d'Œuvres sociales, Cuisine pour les ouvriers, Pension et Ouvroirs pour des jeunes filles, Demi-Pensionnat, Externat. (800 élèves.)

Noviciat, *Maison Provinciale*
à « Buenos-Aires ».

---

(1) Ces établissements ont été fermés à cause de la persécution religieuse.

Canada (1855).

4. {
Dix établissements :

Pensionnats, Demi-Pensionnats, Externats, Écoles Paroissiales, Cours pour Institutrices, Écoles ménagères, École Normale, Pension pour Dames, Associations des anciennes élèves, Dames et Demoiselles, Retraites fermées. (2.515 élèves.)

Noviciat et *Maison Provinciale* à « Sillery », Québec.

États-Unis (1877).

Fondations sorties du Canada. {
Dix établissements :

Pensionnats, Demi - Pensionnats, Externats, Écoles Paroissiales, très nombreuses, Pension pour Dames et Demoiselles, Associations. (4.800 élèves.)

Noviciat à « Highland Mills », N. Y.

Angleterre (1860).

5. {
Six établissements :

Collège, Pensionnats, Demi-Pensionnats Externats, Œuvres Paroissiales, Instruction religieuse pour les protestants.

(2.070 élèves.)

Noviciat et *Maison Provinciale* à « Thornton ».

Irlande (1912).

FONDATIONS SORTIES DE L'ANGLET^{re} {
Deux établissements :

Pensionnat, Demi-Pensionnat, École Paroissiale, Maison d'études.

(170 élèves.)

Noviciat à « Crossmolina ».

Suisse (1892).

6. {
Un établissement :

Pensionnat pour Demoiselles.

Pension pour Dames.

Allemagne (1922).

FONDATIONS SORTIES DE LA MAISON-MÈRE DE ROME.

Deux établissements :

Pensionnat, Externat, Orphelinat, Pension pour étudiantes et autres Demoiselles.   (300 élèves.)

Noviciat à « Dresden ».

Italie, Rome (1896).

7.

Deux établissements :

Collège International, École élémentaire et Jardin de l'Enfance, Œuvre des Catéchismes et Préparation à la Première Communion, Associations, Dispensaire.   (300 élèves.)

Noviciat et Maison-Mère depuis 1902.

Chapelle de la Maison-Mère (a Rome).

Dédiée à Notre-Dame des Sept-Douleurs.

FAVEURS

En exposant ces faveurs, nous déclarons que
nous n'avons pas l'intention de voir un caractère
miraculeux dans tous ces faits, nous voulons
simplement montrer la confiance que plusieurs
personnes ont eue dans l'intercession de la Mère
Sainte-Ignace.

Faveurs obtenues
par l'intercession de Notre Vénérée Mère Fondatrice.

Mérida (Yucatan) juillet 1911.

Les derniers jours de l'année scolaire je fus atteinte de la fièvre typhoïde ainsi que trois autres religieuses, dont l'une mourut en peu de jours. Pendant que nous restions encore trois gravement atteintes, d'autres à leur tour se mettaient au lit... C'était une vraie désolation...

Mgr l'Archevêque était absent, et Monsieur le Doyen fit faire les prières des Rogations avec l'exposition du Saint Sacrement... L'une des trois premières malades fut administrée, et on lui apporta le Saint Viatique. Les deux autres allaient mieux, et chez les dernières, le cours de la maladie se poursuivait sans présenter des symptômes trop alarmants.

Cependant, l'état de l'une d'elles se compliqua d'une congestion pulmonaire double. Les docteurs donnaient peu d'espoir. Je lui préparai une photographie de Notre Vénérée Mère Fondatrice en forme de scapulaire, lui recommandant de l'appliquer sur ses poumons, soit sur l'un soit sur l'autre surtout aux moments des crises d'asphyxie ou de toux... et nous joignîmes nos prières aux siennes. Notre Vénérée Mère nous a exaucées, et la malade entra vite en convalescence. Après quelques semaines de repos elle put reprendre ses emplois et ses classes dans l'école de Mejorada. Depuis quatorze ans elle est encore pleine de santé à Murcia Espagne (août 1925). En foi de quoi,

signé : *Maria de Santa Eufemia,*
R^e de Jésus-Marie.
Sup^re à Mérida.

1913-1914.

Aux jours de la « dizaine tragique » dans notre fuite, à pied et par groupes au milieu de la ligne de feu, en maintes circonstances douloureuses et tristes, nous avons invoqué notre Vénérée Mère et nous nous sommes senties protégées, secourues par elle. — N'avait-elle pas souvent, sur son lit de mort, dit des paroles qui révélaient toute l'affection de son cœur pour sa bien-aimée Congrégation, par exemple : « N'est-ce pas au Pasteur à garder son troupeau ?... » et encore « Une Supérieure, une Mère, l'est encore au Ciel... etc. »

— Dans ses prévisions maternelles, Elle ne le disait pas seulement pour les filles qui l'entouraient dans ce moment si triste des adieux, mais aussi pour celles qui, à l'avenir, auraient besoin d'un pasteur, d'un guide, d'une mère.

En août 1914 lorsque nous fûmes obligées par la révolution de sortir de X... dans les 24 heures, en chemin à Veracruz, à notre arrivée à la Havana, où n'ayant pas de maison ni d'autres connaissances, nous dûmes demander l'hospitalité de couvent en couvent, sa protection se fit sentir tout le long de cette épreuve... Aussi dans les commencements si durs de notre établissement dans la capitale des Antilles, où il nous fallut lutter contre d'innombrables difficultés pour aller de l'avant, Notre Vénérée Mère Fondatrice nous vint toujours en aide, nous donnant force et courage pour nous faire surmonter tous les obstacles, dans cette fondation dont le début et le succès lui furent recommandés à chaque instant.

En ce moment (1925) le collège subsiste en pleine prospérité, et l'on dirait que la Vénérée Mère se plaît à y déverser à pleines mains sa bienveillante et maternelle protection.

signé : *Maria de Santa Eufemia,*
Rse de Jésus-Marie.
Supre.

Havana, 1918.

Une de nos grandes élèves de la Havana, Catalina Xiqués, fut guérie des suites mortelles d'une opération de l'appendicite par l'application (avec foi) d'une photographie de Notre Vénérée Mère

Fondatrice, accompagnée des prières de toute la famille désolée et de toute la Communauté.

L'enfant toute la matinée avait suivi sa classe et assisté à la proclamation des notes, car c'était un samedi. A midi on nous avertit qu'on l'emmenait à l'hôpital pour une opération ; à neuf heures du soir on nous disait que l'enfant était mourante... Nous avons renouvelé nos prières en Communauté, toujours à Notre Mère Fondatrice. Le lendemain matin les docteurs étonnés la déclaraient hors de danger. En peu de jours elle a été rétablie, et en sortant de l'hôpital, avant de rentrer chez elle, elle est venue dans notre chapelle remercier le bon Dieu et sa Bienfaitrice. Nous la regardons avec dévotion comme une nouvelle ressuscitée. Elle vit encore (mai 1925).

signé : Maria de Santa Eufemia,
R^{se} de Jésus-Marie,
Sup^{re}

Guérison d'une otite aiguë et suppurante obtenue par l'intercession de la Révérende Mère Saint-Ignace, fondatrice des Religieuses de Jésus-Marie.

Décembre 1919 et janvier 1920. San Gervasio.

Barcelona.

Au retour des élections de Rome en décembre 1919, un malaise que je sentais depuis longtemps s'est accentué notablement et je suis tombée malade à San Gervasio (notre maison provinciale) le 18 décembre. Déjà à Valence j'étais restée au lit quelques jours auparavant.

Il paraît que trois ou quatre maladies à la fois se compliquaient l'une l'autre ; une *Otite* aiguë, suppurante s'y ajouta. Les docteurs étaient d'avis qu'il faudrait une opération, mais très douloureuse et très dangereuse, car vu l'état où j'étais de par les autres maladies (1), cette opération devenait très difficile et présentait peu de probabilités de succès. A deux ou trois reprises les docteurs m'ont dit : « Nous ne vous cachons pas que votre cas est grave. »

J'aurais dû m'embarquer pour la Havane le 25 décembre, mais impossible. Le 13 janvier j'ai commencé une neuvaine à Notre Vénérée Mère Fondatrice, avec l'approbation de Mère Provinciale qui a proposé à la Communauté de se joindre à ces prières. Le huitième jour de la neuvaine la suppuration s'est arrêtée, tout était sec... plus de douleurs non plus. Le docteur qui me fit transporter à la clinique, me vit le lendemain ; et, tout étonné, il me dit : « Mais, Mère à quel saint vous êtes-vous recommandée? »... Il a voulu, comme les autres fois, faire le lavage, mais il a dit : « Il n'y a en a plus besoin ; il n'y a rien. » J'y retournai une deuxième

---

(1) L'une de ces maladies était le diabète.

fois, et tout en répétant la même chose, il a ajouté :
« Mais surtout je suis surpris que vous ne soyez pas restée sourde, car vous aviez aussi le tympan perforé, et tout est guéri ; je vous répète, Mère, que votre guérison ne pouvait être prévue... je n'y comprends rien. Ne revenez plus. »

C'est bien notre Vénérée Mère Fondatrice qui voulait que je retourne à nos missions d'Amérique.

La Révérende Mère Provinciale et la Supérieure locale de San Gervasio, qui ont vu mes maux et ma guérison, peuvent en rendre témoignage, ainsi que la surveillante de santé, Mère Carmen, qui me soignait et m'accompagnait chez le docteur. Elle a vu et entendu ce que je viens d'écrire. Le Dr Avelino Martin est mort ; mais je confirme la vérité de tout ce que j'ai dit, car jour par jour je prenais note de ce qu'il disait.

signé : Maria de Santa Eufemia,
R^{se} de Jésus-Marie.

Maria de San Ignacio,
R^{se} de Jésus-Marie.
Sup^{re} Prov^{le}.

Maria de Jésus,
R^{se} de Jésus-Marie.
Sup^{re}.

Maria del Carmen,
R^{se} de Jésus-Marie.
Sur^{te} santé.

Certificat (traduction).

Barcelona, 16 *juillet* 1925.

Cayetano Casanova, Docteur en Médecine,

Certifie que :

Le 30 décembre 1919, le Dr Avelino Martin fut appelé au collège des Religieuses de Jésus-Marie de Sainte Gervasis pour visiter la Mère Maria de Santa Eufemia qui était malade. N'ayant pu s'y rendre pour cause de maladie le Dr Avelino Martin délégua son assistant pour visiter la dite Mère Eufemia malade, l'ayant trouvée affectée d'une douloureuse otite aiguë suppurante, qui s'est transformée en mastoïdite.

Le Dr Avelino Martin continua les visites, trouvant l'état de la malade chaque fois plus grave ; et déclarant qu'une opération urgente était nécessaire. Le 20 janvier 1920, à sa grande surprise il la trouva complètement guérie.

Le Dr Avelino Martin étant mort, je me fais un plaisir de certifier ce dont j'ai été témoin.

(signé)   Dr CASANOVA.

Février 1920.

Une de nos élèves de la Havana nous écrivait de Nouvelle-Orléans (États-Unis d'Amérique) nous faisant connaître la guérison de l'un de ses jeunes frères par l'application de la photographie de Notre Révérende Mère Fondatrice.

Voilà ce qu'elle dit sur sa lettre :

Elle, deux autres sœurs et ses deux petits frères étaient restés seuls à la maison en l'absence de leur père en voyage à la Havana. « Une nuit l'aîné de mes frères (8 ans), fut tellement malade, avec de si fortes douleurs, que le docteur appelé dit qu'il fallait sans retard recourir à une opération. A minuit, la voiture de la clinique vint chercher l'enfant. On ne me permit pas de l'accompagner ; mais je lui donnai la photographie de la Vénérée Mère Fondatrice lui recommandant de ne pas la quitter et de la prier avec foi.

« Pendant l'opération, et même sous l'influence du chloroforme, l'enfant avait dans sa main, bien serrée, l'image de la Vénérée Mère Saint-Ignace. A la maison, je restai en prière, demandant à la Sainte Vierge de vouloir bien m'exaucer, lui rappelant la guérison qu'en un cas semblable, elle avait accordée, à la Havana, à l'une de mes compagnes de collège (1). On m'avertit enfin que l'opération avait bien réussi... Pensez à ma joie et à mon action de grâces... Mais la nuit suivante mon frère fut atteint d'une congestion pulmonaire avec une fièvre très forte. Les docteurs me firent avertir que son état était très grave. L'enfant était mourant. Mes

____

(1) Année 1918, voir page 113.

prières par l'intercession de Notre Vénérée Mère Fondatrice redoublèrent... De 9 heures à 3 heures et demi du matin je ne cessai pas de l'invoquer, lui demandant que, si l'enfant devait mourir, il puisse au moins recevoir les Sacrements ; mais que, si le bon Dieu le voulait aussi, la santé lui soit rendue, car mon papa ne se résignerait pas facilement à ne pas retrouver son fils. Mes prières furent exaucées, et mon frère fut sauvé sans que l'on puisse attribuer cette guérison à autre chose qu'à l'efficacité des prières faites avec foi.

« Nous avons rendu grâces à Dieu et à la Vénérée Mère Saint-Ignace et fait la sainte Communion mon frère et moi.

« Aidez-moi, mes bonnes maîtresses, à me montrer toujours reconnaissante à Notre Sainte Mère ; moi qui reste toujours sa *Petite fille.* »

(signé) Carolina PARDO.

Compte rendu de la guérison de Mère Sainte-Céline religieuse de Jésus-Marie à Sillery, par l'intercession de Mère Saint-Ignace (Claudine Thévenet), notre Vénérée Mère Fondatrice.

Sillery (Québec), 5 mai 1920.

Depuis le commencement de janvier 1920, j'étais au lit malade d'une angine de poitrine, avec la recommandation de rester dans la plus grande immobilité possible, afin d'éloigner la syncope. Le 25 février on crut prudent de me faire administrer, vu ma grande faiblesse. Dès lors mon état s'améliora graduellement au point que, les premiers jours d'avril, le médecin me permit de prendre plus de nourriture qu'auparavant, et même, de me lever quelques heures par jour. Ensuite l'affaiblissement alla grandissant pendant quatre ou cinq jours. On me fit de nouveau recevoir l'Extrême-Onction le 25 avril ; mais les attaques d'angine se multiplièrent, et la surveillante de santé dut me faire respirer l'Amyl Nitrite pour ranimer la vie qui allait s'éteindre. Ces remèdes produisaient un certain effet sans toutefois améliorer mon état.

Le 30 avril, à six heures du soir, Monsieur l'aumônier vint réciter les prières des agonisants, car on craignait la mort prochaine. Les prières terminées et avant le départ du prêtre, Notre Mère Provinciale me proposa de demander ma guérison complète, dans le but d'obtenir la béatification de Notre Vénérée Mère Fondatrice. Cette proposition contrariait un peu mon désir qui était d'aller, le plus tôt possible chez le Bon Dieu pour ne plus jamais l'offenser et toujours l'aimer parfaitement. Ce sacrifice me coûtait tellement qu'il me fut impossible de donner mon consentement avant d'avoir consulté Notre-Seigneur ; alors je demandai à notre Mère Provinciale de revenir après la Bénédiction du Très Saint Sacrement, pour recevoir la réponse.

La soumission à la volonté de Dieu, l'obéissance à l'autorité, et la gloire de Notre Vénérée Mère Fondatrice me firent incliner à accepter le sacrifice, et à demander ce « *miracle* » du recouvrement de la santé. Mes prières d'abord ne furent pas aussi ardentes que celles de nos Mères et de la Communauté, tant j'avais peur de l'avenir, mais je m'abandonnai ensuite tout simplement au Bon Vouloir divin.

Les quatre premiers jours qui suivirent ne laissèrent prévoir aucun indice de guérison. Le 5 mai au matin, j'eus encore une forte attaque, mais, après, le mieux se manifesta si bien que je pus me lever dans l'après-midi et marcher au bras de la surveillante de santé.

Le 7 mai, premier vendredi du mois, j'ai passé la journée debout et j'ai fait une visite au Saint Sacrement. A 8 heures, Mère Provinciale et Mère Assistante, arrivant de Lauzon, vinrent me voir : elles n'en pouvaient croire leurs yeux. Debout toute habillée, bien vivante et prête à reprendré ma place dans la Communauté ! Depuis, je me sens toute renouvelée, je suis la Communauté du matin au soir, et je reprends la vie, pleine de l'espérance que cette guérison sera toute à la gloire de Dieu et de Notre Vénérèe Mère Fondatrice.

Que les Cœurs de Jésus et de Marie daignent me

bénir ainsi que toutes les personnes qui m'ont fait du bien. Puisse la vie qui m'est rendue s'écouler toute à leur plus grande gloire et au bien des âmes.

signé : Marie Sainte-Céline,
R^{se} de Jésus-Marie.

Monsieur l'aumônier de Sillery à la Révérende Mère Sainte-Thérèse Supérieure Provinciale des religieuses de Jésus-Marie au Canada.

Sillery (Canada), 12 mars 1921.

Révérende Mère,

Vous me demandez d'écrire ce dont j'ai été témoin au sujet de la maladie et de la guérison de votre Mère Sainte-Céline. Je le fais volontiers :

« Je suis prêtre depuis vingt-deux ans, et aumônier à Sillery depuis trois ans. Deux fois en 1920 le 25 février et le 25 avril j'ai administré Mère Sainte-Céline qui souffrait d'une maladie de cœur. Le 30, vers 5 heures 30 après-midi, j'ai vu cette malade. Dans mon humble opinion, elle devait mourir pendant la nuit suivante ; j'ai récité pour elle les prières des agonisants. Immédiatement après, vous m'avez dit, ma Révérende Mère : « Monsieur l'aumônier, vous avez préparé votre malade à la mort je vais travailler pour sa vie. Je vais lui faire demander sa guérison par l'intercession de Mlle Thévenet notre Fondatrice. La Communauté va commencer une neuvaine de prières. »

Le lendemain Mère Sainte-Céline n'était pas morte !... Le lundi et mardi suivants elle était encore vivante !... Je jeudi et vendredi on me rapporte qu'elle a marché. Le samedi on me dit qu'elle a entendu la Messe. Le même jour à 11 heures du matin Mère Sainte-Céline, que j'avais confessée au lit depuis des mois, se présente au confessionnal des malades à l'infirmerie. Après la confession je me permets de lui parler, la laissant debout à dessein, deux ou trois minutes. De plus je lui demande de marcher en ma présence dans le corridor... ce qu'elle fait aussitôt. Il n'y avait plus à en douter ; je l'avais vue mourante, je la voyais bien vivante.

Depuis, Mère Sainte-Céline a rempli très bien les fonctions de sacristine à la chapelle.

Puisse ce témoignage contribuer à la gloire du bon Dieu et aider la cause de Béatification de Mlle Thévenet.

Veuillez agréer, Révérende Mère, l'hommage de mes sentiments de respect.

Votre très humble serviteur,

F. BLANCHET, prêtre.

Certificat du Dr Turcot qui soignait la malade Mère Sainte-Céline, et l'a vue guérie.

Québec, 13 mars 1921.

Au mois de janvier 1920 j'ai examiné la Révérende Mère Sainte-Céline religieuse de Jésus-Marie au couvent de Sillery, et j'ai porté le diagnostic d'angine de poitrine.

Du mois de janvier au mois de mai, elle a eu plusieurs crises d'une forte intensité ; je m'attendais à une mort subite qui pouvait arriver d'un moment à l'autre et j'ai demandé qu'elle fût administrée.

Je suis très sûr de mon diagnostic, et il n'y avait pas à en douter. Je l'ai mise au lit et au repos absolu ; malgré cela les crises se répétaient. Au mois de mai, à la suite d'une neuvaine faite pour obtenir sa guérison par l'intercession de la Mère Fondatrice de la Congrégation, elle a été guérie *instantanément* et *complètement* et cette guérison s'est toujours maintenue, malgré toutes les épreuves auxquelles elle a été soumise. Je déclare que cette guérison n'est aucunement due au traitement, qui était impuissante ; mais bien à un « miracle ».

Il y a maintenant dix mois que ce « miracle » a eu lieu, et la petite « miraculée » est parfaitement bien, sa santé est excellente, et elle remplit se charge à la grande satisfaction de la Révérenda Mère Provinciale et de la Communauté.

(signé)   Edwin TURCOT, Docteur.
Professeur Université Laval.

Je certifie sous la foi du serment, que la relation de la guérison de Mère Sainte-Céline est en tous points exacte.

J'étais Supérieure Provinciale au Canada à cette époque et appelée au chevet de la malade pour la recommandation de l'âme, j'eus l'inspiration de commencer une neuvaine pour sa guérison, comme il est dit dans la relation faite par la malade elle-même et j'affirme pour en avoir été témoin, que le dernier jour de la neuvaine, la guérison était complète.

Signé : *Marie Sainte-Thérèse,*
Rse de Jésus-Marie,
Assiste Génle.

29 juin 1928.

Nous, soussignées, certifions avoir vu Mère Sainte-Céline un mois environ après sa guérison, suivant tous les exercices de la Communauté et s'acquittant avec entrain de son emploi de Sacristine devenu plus fatiguant encore par les prépa-

ratifs des fêtes du Centenaire de la Congrégation.
En foi de quoi :

Marie Saint-Henri,
déléguée de la R^e Mère Générale.

Maria Sainte-Enfemia,
R^{se} de Jésus-Marie.

Barcelona (Espagne).

Le 31 mai 1920 une de nos Sœurs auxiliaires tomba malade d'une méningite. Son état la mettait dans l'impossibilité de recevoir les Sacrements ; nous priâmes de toutes les forces de notre âme pour lui obtenir cette faveur. Je lui appliquai sur la tête la photographie de Notre Mère Fondatrice en appelant la malade par son propre nom... Le délire cessa, et elle me répondit tout naturellement comme si elle n'avait rien eu. Elle prit entre ses mains la photographie, la baisa, voulut l'avoir devant elle dans son lit. Le confesseur averti, monta aussitôt, et en sortant il nous dit que la malade s'était confessée en pleine connaissance. Mais bientôt après, le délire recommença, impossible donc de lui administrer le Saint Viatique.

De nouveau nous recourûmes à Notre Mère Fondatrice, et nous appliquâmes son image sur la tête de la malade. Peu après, celle-ci reprit connaissance, put recevoir le Saint Viatique et renouvela ses vœux avec ferveur ; puis elle s'endormit paisiblement dans le Seigneur, nous laissant la consolation que l'on peut deviner, et l'assurance de la puissante intercession de Notre Vénérée Mère Fondatrice.

Tout ce que je viens de dire, je puis l'affirmer sous la foi du serment.

signé : Marie du Sacré-Cœur,
R^{se} de Jésus-Marie.
Sup^{re}.

Simla (Indes), 1921.

Pendant que notre Supérieure Générale actuelle, Révérende Mère Sainte-Claire se trouvait à Simla au printemps de 1921, il y eut de nombreux cas d'influenza au pensionnat. Une jeune fille, de 15 ans, Mlle Tarleton, nièce de la Mère Provinciale, Mère Sainte-Dorothée (R. I. P.) était menacée d'une pneumonie à la suite de l'influenza. Le médecin trouva son cas si grave qu'il ordonna de l'envoyer à l'hôpital le soir même, et d'avertir les parents.

Comme il y avait danger, la Mère Provinciale pria l'aumônier de la maison de vouloir se rendre à l'hôpital, sans attendre le lendemain, pour l'administrer si c'était nécessaire, ce qu'il fit.

Toute la Communauté commença une neuvaine

à Notre Mère Fondatrice dont l'image avait été donnée à la jeune fille avant son transfert à l'hôpital. Avant la fin de cette neuvaine, Mlle Tarleton était revenue au couvent en pleine convalescence.

J'étais à Simla à cette époque, accompagnant la Révérende Mère Générale dans sa visite, et je me rappelle très bien cette faveur.

signé : Mère Saint-Cuthbert,
R^{se} de Jésus-Marie.

Mai-Juillet 1921.

Nous avons été favorisées par des grâces extraordinaires lorsque nous nous sommes installées de nouveau à X... De graves difficultés surgissaient de la part de l'un de nos créanciers. Les affaires de nos propriétés avaient été négligées au point que, sans une intervention miraculeuse, nous allions *tout perdre.* Deux fois nous avons été sans possibilité humaine d'éviter un désastre et la perte presque totale de ce qui nous restait.

Les prières à Notre Vénéreé Mère donnèrent une consolante surprise. On nous offrit, et même on nous pria d'accepter, avant le terme fixé, une certaine somme que l'on nous devait, et avec laquelle nous pûmes payer le créancier qui nous menaçait d'un procès ecclésiastique, à Rome, où il s'était déjà adressé à notre insu.

L'autre danger fut évité grâce au recours fervent à Notre Vénérée Mère Fondatrice. Elle nous procura un ami inattendu qui prit sur lui toute la responsabilité, et sauva nos propriétés d'un désastre inévitable.

Actions de grâces à jamais à Notre Mère Fondatrice !

signé : *Maria de Santa Eufemia,*
*R** de Jésus-Marie.*
*Sup**.*

Mars 1924.

Une de nos religieuses de la Communauté de X... fut atteinte à la figure d'un érysipèle qui commençait à s'étendre sur la tête. Le Docteur me dit que si le mal gagnait il faudrait administrer la malade, car il y aurait grand danger de ne pas arriver à temps.

Je mis la photographie de Notre Vénérée Mère sur les endroits affectés par le mal, et il ne s'aggrava pas ; mieux encore, la maladie diminua et disparut en peu de temps sans presque laisser de traces.

signé : *Maria de Santa Eufemia,*
*R** de Jésus-Marie.*
*Sup**.*

Voici une copie traduction d'une lettre d'action de grâces que j'ai reçue d'une de nos sous-maîtresses guérie par l'intercession de Notre Vénérée Mère Fondatrice :

« Le cœur rempli d'affection et de reconnaissance, je vous envoie le rapport suivant pour témoigner de nouveau ma vive gratitude à la Vénérée Mère Saint-Ignace, Fondatrice des Religieuses de Jésus-Marie. Le 22 décembre dernier (1924) pendant la nuit je fus prise d'une fièvre violente et de fortes douleurs à la tête ; c'était un érysipèle très grave. Pendant plusieurs jours ma vie fut menacée. Le danger étant passé, après un mois et demi de maladie, d'autres complications survinrent, surtout dans les jambes, où je ressentais des douleurs très aiguës, presque insupportables, et qui m'empêchaient de bouger.

« Le Docteur avait dit à ma sœur (je l'ai su après) que dans une de ces crises je pouvais mourir ; je le sentais aussi, et j'ai voulu recevoir les derniers Sacrements. Les Mères du Collège m'envoyèrent une photographie de la Vénérée Mère Fondatrice pour l'appliquer sur la partie douloureuse ; nous avons alors commencé une neuvaine, les Mères se sont jointes à moi, et au même instant j'ai senti une grande foi et confiance. Oui, me disais-je, c'est la Mère Saint-Ignace qui va me guérir. Le jour suivant je me suis sentie beaucoup mieux, j'étais guérie !... Ce n'était pas une imagination, ce n'était pas un rêve, j'étais tout à fait guérie, et le troisième jour je reprenais mes classes au Collège de Jésus-Marie, où depuis quatre ans, je partage avec les bonnes religieuses les travaux et les joies de leur mission.

« Aujourd'hui le cœur rempli de reconnaissance et de gratitude, j'accomplis avec bonheur le devoir de publier cette grâce obtenue par l'intercession de la Vénérée Mère Marie Saint-Ignace, pour la plus grande gloire de Dieu, et pour la consolation et l'espérance de tous ceux qui auront recours à Elle. »

X... 21 *février* 1925.

(signé) Josefina CORDOBA.

Quelques grâces obtenues par l'intercession de Mère Marie Saint-Ignace.

Alicante (Espagne).

Au mois d'août 1924 une de mes sœurs était très gravement malade et en danger de mort, à la suite de deux opérations qu'elle avait subies. La Communauté commença une neuvaine par l'intercession de Notre Vénérée Mère Fondatrice : nous la priâmes avec beaucoup de foi et de confiance en lui demandant que le premier samedi du mois, qui était compris dans la neuvaine, nous puissions avoir de bonnes nouvelles, et qu'en ce même jour la malade fût délivrée de la fièvre.

Nous n'avions rien dit à la famille. Jugez donc, de notre étonnement lorsque celle-ci, le premier samedi, nous fit part de sa joie par téléphone. Toute fièvre avait disparu et la malade pouvait prendre de la nourriture. Peu de jours après elle était parfaitement rétablie.

Le père d'une de nos servantes souffrait beaucoup d'un ulcère à l'estomac, et cela sans espoir de guérison parce que le mal était devenu chronique, et que le malade était d'un âge très avancé. Nous lui avons envoyé la photographie de Notre Mère Fondatrice, et nous l'avons priée en demandant la santé de ce pauvre malade.

Peu de temps après nous l'avons vu tout à fait guéri, pouvant reprendre ses travaux et sa vie ordinaire à la grande joie de toute la famille, qui ne cesse de dire sa reconnaissance envers la bonne Mère à qui il doit le retour de sa santé et de ses forces.

Un ouvrier de la campagne s'était cassé la jambe, il ne pouvait travailler et souffrait beaucoup. Deux de nos Sœurs lui ont porté une photographie de

Notre Mère Fondatrice, lui disant de la prier avec confiance. Quelques jours après elles l'ont trouvé beaucoup mieux, et très reconnaissant à la « Sainte Religieuse » qui, disait-il, l'avait guéri.

———

Le fils d'un ami de la maison était très malade ; son père mit avec grande confiance une photographie de notre Mère Fondatrice sous son oreiller, et commença une neuvaine demandant la guérison de son fils. Dès ce moment le malade se sentit mieux, et peu de jours après il était tout à fait rétabli. Le père répondait à tous ceux qui lui demandaient des nouvelles de son fils : « La Mère Fondatrice des religieuses de Jésus-Marie l'a guéri. »

———

Valencia (Espagne), juillet 1925.

Je viens faire acte de reconnaissance envers Notre Vénérée Fondatrice en publiant les faveurs qu'elle nous a obtenues du Bon Dieu à l'occasion d'une maladie épidémique survenue dans la Communauté, peu de jours avant la fin des vacances de 1924.

Le 15 septembre une jeune religieuse fut atteinte de la fièvre typhoïde ; le 18 et le 20, deux autres étaient prises du même mal ainsi que deux servantes. La maladie suivant son cours et les enfants allaient .rentrer le 1er octobre. Des neuvaines se faisaient à Notre-Dame du Secours, Patronne et Titulaire de la Maison, des lampes brûlaient sans cesse devant l'image miraculeuse de la Vierge, et le mal ne cédait pas ; au contraire le 19 octobre une autre religieuse était à son tour atteinte de la fièvre.

C'est alors que j'eus l'inspiration de m'adresser à Notre Vénérée Mère Fondatrice, persuadée que la Reine de notre Sanctuaire voulait cette fois nous secourir par l'intermédiaire de Notre Mère. Je pris donc le petit portrait que nous avons à la salle de Communauté, et je fis la visite de toutes les malades déposant ce portrait sur chacun de leurs lits et faisant la neuvaine avec chacune d'elles. A la fin de la seconde neuvaine, on constata une amélioration notable qui fut suivie de la pleine convalescence Parmi ces favorisées, deux surtout, avaient donné peu d'espoir de guérison.

Sa Grandeur Mgr l'Archevêque, les Révérends Pères Jésuites et plusieurs personnes compétentes qui avaient été au courant de notre tribulation, affirment que c'est une grâce spéciale qu'aucune des six malades n'ait succombé au terrible mal, et que ni les élèves ni aucune personne en dehors de la Maison n'aient eu connaissance de notre épreuve. Nous attribuons cette double grâce à Notre Vénérée Mère Fondatrice.

⁄ Veuillez s'il vous plaît nous aider à lui en être reconnaissantes et à la publier pour l'accroissement de la confiance en son intercession.

signé : Maria Javiera,
R^{se} de Jésus-Marie.
Sup^{re}.

Valencia (Espagne), août 1925.

Une religieuse de ma Communauté, souffrait depuis le printemps de 1923 de douleurs affreuses qu'elle ne pouvait s'expliquer. Elle fut obligée à cette époque de garder le lit, et elle avait de fréquentes hémorragies qui la laissaient très affaiblie.

Tout le monde priait et faisait des neuvaines à Notre-Dame du Secours, et on insistait aussi auprès de la malade pour qu'elle demandât sa guérison à la Bienheureuse Thérèse de l'Enfant-Jésus, mais la malade avait un attrait spécial pour prier Notre Vénérée Mère Fondatrice, et si elle consentit à faire quelques prières à la jeune Sainte du Carmel ce fut pour que celle-ci demandât à Notre Vénérée Mère de vouloir bien guérir sa fille qui l'aimait tant et qui désirait ardemment la voir bientôt glorifiée.

Les prières de la malade sous une forme ou sous une autre, s'adressaient toujours à Mère Saint-Ignace notre Fondatrice.

Le 3 février de l'année 1925, anniversaire de sa mort, elle la pria toute la journée. Le lendemain elle se trouva si mal que le Docteur, après un nou vel examen, diagnostiqua l'apparition d'une tumeur polypeuse tout près d'une veine, et déclara qu'une opération s'imposait en toute hâte. On retarda cependant quelques jours, et la malade continuait de prier, tenant avec foi et confiance la photographie de Mère Saint-Ignace. Le 17 mai approchait, et on se préparait, Communauté et élèves, pour s'unir aux fêtes de la Canonisation de la Bienheureuse Thérèse de l'Enfant-Jésus ; la malade s'unit à elles, en disant toute la journée à celles qui la visitaient : « La petite Thérèse n'a plus besoin de miracles, dites-lui bien qu'elle me recommande à Notre Mère Fondatrice : une mère sait bien ce qu'elle doit faire pour son enfant. »

Le 16 mai, elle était si mal qu'elle crut mourir : le 20 on fit l'opération si redoutée ; la malade mit la photographie sur sa poitrine et invoqua tout le temps sa Mère Vénérée. Le résultat fut des plus heureux, elle n'eut pas un moment de fièvre, le cinquième jour elle se levait et sa convalescence fut très rapide. Le 31 mai elle put suivre les exercices de la Communauté et reprendre ses emplois ordinaires.

La malade et nous toutes reconnaissons devoir cette guérison à Notre Vénérée Mère Fondatrice. Nous l'en remercions par une augmentation de confiance dans son intercession et par des nouvelles prières.

signé : *Maria Javiera,*
R^{se} de Jésus-Marie.
Sup^{re}.

Barcelona, 16 *août* 1925.

Je me fais un plaisir et un devoir de vous faire connaître deux faveurs obtenues dans ma famille par l'intercession de la Vénérée Mère Marie de Saint-Ignace Thévenet, notre aimée et chère Fondatrice. Daigne le bon Dieu nous accorder la grâce de la voir glorifiée bientôt.

1° Au mois de février 1923, centenaire des premiers Vœux de nos premières Mères, un de mes neveux âgé de trois ans tomba malade, atteint par les fièvres infectieuses. Il y avait sept jours que la fièvre était à 40°, avec des hémorragies nasales, et l'enfant était sans connaissance.

Le jour anniversaire des premiers Vœux de nos Mères, on avait perdu tout espoir de sauver l'enfant. J'ai envoyé la photographie de Notre Mère Fondatrice à mon frère, lui disant de l'appliquer à son fils, et je me mis à prier de mon mieux. La bonne Mère Saint-Ignace ne se fit pas attendre... Dans l'après-midi la température était descendue à 36° ; le petit malade recouvra sa connaissance, les hémorragies cessèrent, et peu de jours après l'enfant était aussi bien qu'auparavant.

2° Pendant l'hiver de 1924 une de mes cousines ressentit tout à coup dans la jambe une douleur très aiguëe, accompagnée de fièvre assez forte et d'une enflure considérable ; la jambe s'était raccourcie et ne pouvait plus bouger. Je lui ai envoyé la photographie, elle l'a appliquée sur la jambe, puis nous avons fait les prières de la neuvaine à la Très Sainte Trinité pour obtenir la Béatification de Notre Mère Fondatrice en demandant la guérison par son intercession. L'amélioration s'est faite, et au bout de peu de jours ma cousine a pu reprendre ses occupations.

Une Religieuse de Jésus-Marie.

Mérida (Yucatan), 10 *octobre* 1925.

Une ancienne élève de notre couvent, Nidia Rosado, a été guérie d'une fièvre typhoïde le dernier jour d'une neuvaine que la Communauté faisait pour sa guérison. Nous faisions ces prières par l'intercession de Notre Révérende Mère Fondatrice Marie Saint-Ignace Thévenet.

signé : *Maria de las Victorias,*
R** *de Jésus-Marie.*
Sup**.

A la gloire de Notre Mère Fondatrice...
Guérison de « tuberculose des os ».

―――――

Gravelbourg (Canada), 22 *septembre* 1925.

Une jeune fille de la paroisse de Gravelbourg, Mlle Séraphine Deaust, âgée de dix-huit ans, était atteinte de la « tuberculose des os ». C'était en 1919.

Elle partit pour l'hôpital de Régina ; le Dr Paradis, un des chirurgiens, jugea à propos de lui faire subir une opération, qui, malheureusement, ne produisit aucun résultat valable. Après un séjour de trois mois dans cet hôpital, elle revint à Gravelbourg languissante, et suivit pendant une année des traitements du Dr Soucy.

Durant les deux ans qu'elle passa dans sa paroisse à son retour de Régina, bien que ne gardant pas le lit, elle vivait péniblement, presque toujours étendue dans une chaise longue, et ne marchant pas du tout pendant la dure saison.

Voyant le mal cruel qui la rongeait augmenter au lieu de diminuer, ses parents alarmés la conduisirent à l'hôpital de Moose Jaw, où elle s'alita durant quatre mois. Une fois la semaine, le Docteur extrayait de ses abcès une quantité extraordinaire du pus qui causait l'empoisonnement de tout le système ; les souffrances de la malade étaient atroces, et la guérison ne paraissait pas comme une chose probable.

En désespoir de cause, Mme Deaust se rendit à notre Couvent de Gravelbourg où elle demanda la Mère Supérieure ; la Mère Provinciale, Mère Sainte-Thérèse, était justement de passage dans cette maison ; la pauvre mère affligée lui fit connaître, ainsi qu'à la Mère Supérieure, toutes les tristesses de son cœur maternel; la Mère Provinciale promit une neuvaine à notre Mère Fondatrice dès son retour à Sillery. La Mère Supérieure de Gravelbourg, de son côté, écrivit sans tarder à la malade, glissa dans sa lettre une photographie de la Mère Saint-Ignace, lui recommandant de l'appliquer sur la partie malade, et de l'invoquer avec confiance, dans une fervente neuvaine, ce que la jeune fille malade s'empressa d'exécuter.

Deux jours après, contre l'attente du Dr Trudelle, du Dr Ouellet, de sa garde-malade, les abcès s'ouvrirent d'eux-mêmes, sans douleur, et le pus s'écoula abondamment ; c'était la réponse de notre Mère Fondatrice, la guérison n'étant plus dès lors qu'une question de temps. On permit à la malade de s'asseoir, puis de circuler un peu, et enfin de retourner chez elle, où un an après, on la retrouve parfaitement guérie.   signé :

Les Religieuses de Jésus-Marie, de Gravelbourg,

par Mère *Sainte-Émilienne*,

Sup^te.

« Certificat » du Dr J.-B. Trudelle M. B.

Moose-Jaw, Sask, 22 septembre 1925.

J'ai eu sous mes soins à l'hôpital de Moose-Jaw, en 1921, Mlle Séraphine Deaust.

Petite malade très anémiée, avec une *« ostéo-arthrite tuberculeuse »*, ouverte depuis trois ans.

Diagnostic : Sacro-coxalgie grave, suppurée, ouverte depuis trois ans, infections mixtes, généralisations tuberculeuses.

J'admets que l'amélioration s'est faite, dans ce cas, avec une rapidité surprenante et tout à fait inattendue.

J.-B. TRUDELLE M. B.

Je certifie sous la foi du serment, la vérité de la guérison de Mlle Séraphine Deaust, telle que la relation en a été faite par les témoins oculaires.

Signé : *Marie Sainte-Thérèse,*
Rse *de Jésus-Marie,*
Assiste Génle.

29 juin 1928.

Buenos-Aires, octobre 1925.

C'est avec le plus grand enthousiasme et le plus vive reconnaissance pour la Vénérée Mère Saint-

Ignace (Claudine Thévenet), notre Fondatrice, que je viens publier ma guérison et celle d'une jeune fille, guérisons obtenues par son intercession à l'hôpital Rivadavia de Buenos-Aires.

En 1923 j'avais subi une opération très douloureuse, et je me croyais guérie ; mais le 4 septembre 1924 les douleurs revinrent avec toute leur intensité : le 13, le Docteur qui m'avait opérée l'année précédente, après avoir examiné le mal, déclara qu'une deuxième opération était nécessaire. Les douleurs s'étant fixées à la blessure faite lors de la première opération, il fallait ouvrir cette ancienne plaie pour en faire sortir le pus. La veille du jour fixé pour ce traitement préparatoire, vers le soir, la blessure s'ouvrit d'elle-même, et en peu de jours je me trouvai en état de subir l'opération. On me changea donc d'appartement. Jusqu'à ce jour j'étais avec une demoiselle qui, elle aussi, attendait son tour pour une troisième opération.

Pour plus de sûreté, le Docteur fit prendre la radiographie de la partie malade, et d'après cet examen final on fixa la date de l'opération pour le 7 octobre.

Tout était ainsi décidé, et on faisait les préparatifs en conséquence... La veille, le 6 octobre, anniversaire de la fondation de notre chère Congrégation, je priais comme toujours la Sainte Vierge par l'intercession de Notre Vénérée Mère Fondatrice ; sans que je m'y attende, le Docteur vint et me dit qu'il allait m'examiner de nouveau, ce qu'il fit très minutieusement. Jugez de ma surprise lorsque je l'entends me dire : « *Mère, je trouve une amélioration si remarquable que* tout besoin d'opération a disparu, *aujourd'hui même vous pouvez retourner à votre couvent, vous êtes guérie.* »

Mon étonnement et ma joie furent au comble ; la Sœur infirmière et moi à genoux, nous rendîmes de ferventes actions de grâces à Notre Vénérée Mère Fondatrice, qui m'avait obtenu du bon Dieu ma guérison si subite et si inattendue.

Immédiatement on avertit par téléphone, notre Mère Supérieure, qui, joyeuse et étonnée, vint me chercher. Aussitôt, la nouvelle de ma guérison se répandit dans tous les pavillons du « Sanatorium » jusqu'à la jeune malade dont j'ai parlé plus haut. J'allai prendre congé d'elle avant mon départ. Elle se réjouit de ma guérison, mais elle était triste parce que sa nouvelle opération était décidée. Je l'encourageai et lui donnai l'image de ma Bienfaitrice avec la prière approuvée que je récitais tous les jours : elle promit de la réciter aussi avec beaucoup de foi et de confiance, demandant à Notre Vénérée Mère de la préserver de cette nouvelle opération si redoutée... Huit jours après, elle m'annonçait par téléphone qu'elle sortait du « Sanatorium » et retournait chez elle, sans avoir été opérée.

La lettre suivante donne les détails de cette guérison : nous désirons que ces deux guérisons soient publiées à la plus grande gloire de Dieu et pour hâter la Béatification de sa fidèle Servante.

signé : Maria San Juan Baptista,
R^{se} de Jésus-Marie.

Je certifie que tout ce qui est rapporté ici est exact.

signé : *Maria de la Esperanza,*
R^{se} *de Jésus-Marie.*
Sup^{re} Prov^{le}.

Compte rendu de la guérison d'un « Kyste au foie » obtenue à l'hôpital de Rivadavia, Buenos-Aires en octobre 1924.

Fragments des lettres de Mlle Juanita de Lilliol à Mère Saint-Jean-Baptiste, religieuse de Jésus-Marie, le 23 décembre 1924.

Chère Mère, vous vous souvenez sans doute, de la joie que j'ai eue lorsque vous m'avez donné l'image et la prière de votre Fondatrice, Mère Marie Saint-Ignace, me disant de la prier avec foi et confiance, car c'était Elle qui vous avait obtenu la grâce de ne pas être opérée. Depuis ce moment, j'ai senti dans mon cœur une confiance si grande, que je récitais plusieurs fois par jour la prière en y ajoutant un *Pater, Ave* et *Gloria*, demandant à la Vénérée Mère de m'accorder la même faveur qu'à vous, et j'attendais ainsi tranquillement le jour que le Docteur avait fixé pour la nouvelle et si redoutable opération. Il s'agissait d'un *Kyste* au foie.

Le jour étant arrivé, je monte tranquille et confiante à la salle d'opérations, où se trouvaient déjà tous les Docteurs, mais au moment de m'étendre sur la table, une grande frayeur et un tremblement s'emparent de moi ; alors, plus que jamais, je prie Votre Mère Fondatrice de ne pas me délaisser dans ces moments ; et instinctivement je pense à Elle, je me sens près d'Elle, et la tranquillité revient à mon esprit. C'est avec cette disposition que j'entre dans une sorte d'assoupissement, et cependant je me rends compte que les Docteurs commencent un minutieux examen, et font différentes piqûres pour trouver le siège du mal *(le Kyste)* ; on examine encore, et... les Docteurs étonnés, constatent que la cause de l'opération a disparu... Alors le Dr Bengolea me dit : « *Jeanne, lève-toi, tu peux t'en aller, il n'y a pas besoin d'opération, la cause n'existe plus. Aujourd'hui même tu peux retourner chez toi.* »

Bien que l'espoir et la confiance m'aient donné la conviction que je ne serais pas opérée, en me trouvant en face de la réalité j'ai éprouvé une stupéfaction inexprimable... je n'en revenais pas de joie et de reconnaissance à·la Vénérée Mère Saint-Ignace. Je descendis dans ma chambre, où mes bons frères m'attendaient avec la plus grande inquiétude. Jugez de leur étonnement en me voyant entrer sans le secours d'une aide. La grande nouvelle que je ne serais pas opérée les laissait même incrédules, il leur fallut le mot rassurant du Dr Bengolea.

Sur l'indication des Docteurs je me suis présentée de nouveau au mois d'avril 1925 pour qu'ils s'assurent de mon état ; mes prières à la Mère Sainte-Ignace n'avaient pas cessé. Les Docteurs ont eu la consolante confirmation que le *Kyste* avait disparu.

Il y a bientôt un an que cet événement a eu lieu, et depuis je n'ai ressenti aucune douleur ni malaise qui puisse me faire craindre pour ma santé.

Je désire que cette grâce si grande soit connue de tout le monde ; tous les actes de ma vie tristes ou joyeux sont accompagnés du souvenir reconnaissant envers ma Bienfaitrice et je la prie de me continuer toujours sa protection.

En reconnaissance je me fais un devoir de propager sa dévotion ; j'ai donné déjà la petite prière à plusieurs personnes, entre autres à un jeune homme de vingt-six ans qui est en voie de conversion. La prière à votre Mère Fondatrice, qu'il dit tous les jours avec une foi surprenante, favorisera, je l'espère, son retour à Dieu.

(signé) Juanita DE LILLIOL

le 23 août 1925.

Je certifie que tout ce qui est rapporté ici est exact.

signé : *Maria de la Esperanza,*

R^{se} de Jésus-Marie.

Sup^{te} Prov^{le}.

Deuxième série de « Faveurs » obtenues par l'intercession de la Servante de Dieu, de juin 1926 à juin 1928.

Depuis la publication en 1926 de la première série de faveurs et de grâces accordées aux prières faites avec foi et confiance par l'intercession de Mère Saint-Ignace, de nouvelles faveurs, et de nouvelles grâces ont été obtenues par la même intervention. Il semble même qu'à défaut d'autres reliques de notre chère Fondatrice, Dieu se plaise à accorder la même vertu à l'image de sa pieuse Servante.

Plusieurs personnes qui ont obtenu des grâces ou des faveurs, se sont bornées à dire : « Nous recevons beaucoup de grâces par l'intercession de la Révérende Mère Saint-Ignace » ; d'autres écrivent simplement : « Tout ce que nous lui demandons, tout ce que je lui demande, je l'obtiens », etc.

Mais, quelques-unes, en action de grâces ont envoyé le récit de ces faveurs, afin que, l'efficacité de l'intercession de Mère Saint-Ignace étant mieux connue, on l'invoque encore avec plus de foi et de confiance pour obtenir du Ciel, par elle, des miracles.

Quelques guérisons assez remarquables sont intervenues : les rapports dont elles sont l'objet, sont accompagnés des témoignages et des certificats requis pour qu'elles puissent être soumises à l'étude et à l'examen précédant le jugement de l'Église.

Voici quelques-unes de ces Faveurs qui formeront la deuxième série :

La Calera (République Argentine).

Une araignée maligne (tarentule), mordit une de nos Sœurs au bras. Une plaie de mauvais aspect, avec suppurations dura longtemps... Un soir la Sœur eut l'inspiration d'appliquer sur la plaie la photographie de Notre Mère Fondatrice, et voilà que le lendemain, à son réveil, elle trouva la plaie complètement fermée, et le bras à son état naturel ; seule, comme témoignage, restait une cicatrice assez notable, car le mal avait été assez grave pour inspirer des inquiétudes.

On peut comprendre l'admiration de toute la Communauté en face d'une « faveur » si remarquable !...

Signé : *Maria de Sta. Clementina.*
R^{se} de Jésus-Marie,
Sup^{re}.

Simla (Indes Orientales).

Une petite fille, Foy Connell, âgée de trois ans paraissait devoir rester muette. Sa tante, ancienne élève de notre couvent, la recommanda à notre Mère Fondatrice ; on attacha au cou de l'enfant le portrait de la Révérende Mère Saint-Ignace ; et, à la grande joie de sa mère, la petite fille commença à se faire comprendre.

Un jour que cette même enfant jouait près de la flamme d'une bougie, le feu prit à un collier d'ambre qu'elle portait, et à sa chevelure, de sorte que la figure fut bientôt entourée de flammes. Sa mère accourue, parvient à les étouffer ; et, à sa grande admiration, la figure de l'enfant n'avait souffert d'aucune brûlure...

Toute la famille attribua cette préservation miraculeuse à la protection de la Servante de Dieu, dont l'image était suspendue au cou de l'enfant.

Signé : *Marie Saint-François-Borgia.*

R^{se} *de Jésus-Marie,*
Sup^{re}. *Prov*^{le}.

Thornton (Angleterre).

Mère Hilda, Religieuse de Jésus-Marie, communique deux faveurs obtenues par l'intercession de la Servante de Dieu ; elle dit : 1º J'ai été guérie d'un mal d'oreilles après avoir invoqué Notre Mère Fondatrice et appliqué sa photographie sur l'oreille souffrante.

2º Mme T... écrit d'Irlande que son mari a obtenu une amélioration dans sa position, après neuvaine faite à Notre Mère Fondatrice, Mère Saint-Ignace Thévenet. Signé : *Marie Hilda,*

R^{se} *de Jésus-Marie.*

Murcia (Espagne).

Une petite pensionnaire, âgée de dix ans tomba subitement malade ; fièvre très élevée (40'1°). Le Docteur déclara son état grave : on avertit la famille.

A 9 h. ½ du soir, l'infirmière met, sous l'oreiller de la malade, la photographie de la Révérende Mère Saint-Ignace ; la fièvre descend ; le matin l'enfant n'avait que 37°.

Cette enfant dit : « J'ai été bien malade, n'est-ce pas, cette nuit?... et cette Mère m'a guérie... » Et l'enfant baisait le portrait de la Mère avec enthousiasme...

Signé : *Maria de San Pedro,*
R°° *de Jésus-Marie,*
(Infirmière.)

————

Nous recevons de la Habana, Ile de Cuba, le récit suivant :

Une de nos Sœurs Auxiliaires fut guérie en 1911, à Mérida de Yucatan de la « rougeole » ; maladie toujours inquiétante chez les grandes personnes.

Après plusieurs jours de fièvre, très élevée, alors que la maladie semblait se renfermer en dedans, et lui donnait l'impression d'étouffer, la Sœur appliqua la photographie de la Révérende Mère Fondatrice. Peu après, elle sentit comme si quelqu'un pressait fortement sur elle... « Après quelques minutes, dit-elle, je me sentis soulagée... et, cette espèce d'ombre ou figure que je vis descendre sur moi, s'éleva de nouveau, et disparut...

« Je ne puis dire qui c'était ; mais l'infirmière qui entrait au même instant, fut surprise de voir mon aspect amélioré ; le thermomètre marquait la chaleur normale ; et moi qui, un moment avant étouffais, je respirais à l'aise, et je pouvais parler... Tout danger avait disparu ; en peu de jours ma guérison fut complète. » On reconnut la protection de Notre Mère Fondatrice, et on la remercia pour cette faveur.

Ont signé : *H^a San Braulio.*
R^{se} de Jésus-Marie.

et *Maria de Santa Eufemia,*
Sup^{re}.

Trois-Pistoles (Canada).

Une Dame est guérie d'une maladie qui menaçait de la laisser complètement aveugle : guérison arrivée après prière à la Vénérée Mère Saint-Ignace, et promesse d'une offrande pour sa Béatification. Promesse accomplie.

Signé : *Marie Saint Damase.*
R^{se} de Jésus-Marie,
Sup^{re}.

Orihuela (Espagne).

La même Religieuse qui écrit, rapporte plusieurs « faveurs » obtenues par différentes personnes ; voici la plus notable :

Un jeune homme, son cousin, gravement malade, accepta de se confesser après qu'on eut placé sous son oreiller la photographie de Mère Saint-Ignace... Il reçut plus d'une fois, avec grande ferveur, les Saints Sacrements, à la grande consolation de toute la famille. La tante de la Religieuse lui écrivit :

« Ta Mère Fondatrice a fait un grand miracle !... notre malade s'est confessé... »

Signé : *Maria Montserrate,*

R^{se} *de Jésus-Marie.*

(Espagne).

Une jeune fille, ouvrière, tomba malade, douleurs aiguës au côté gauche, etc. Examen fait, le Docteur dit que la guérison serait très longue qu'il fallait rester au lit et porter un corset de plâtre, etc.

Une de ses maîtresses, religieuse de Jésus-Marie, lui envoie la prière et la photographie de Notre Mère Fondatrice. Le même soir la malade l'applique sur la partie douloureuse ; aussitôt la douleur cessa ; et le lendemain matin le Docteur ne pouvait comprendre l'amélioration qu'il trouvait dans la malade. Il lui dit : « Je te trouve très bien, et il n'y a plus besoin de te mettre dans le plâtre. »

Peu de jours après, parfaitement guérie, elle allait, elle-même, raconter aux Mères cette grande faveur obtenue par la Mère Fondatrice.

Signé : Maria-Rose de Jésus,
R^{se} de Jésus-Marie,

Lauzon (Canada).

Un domestique du couvent s'est fait écraser la cheville par un arbre. Le Docteur dit que la guérison serait lente. Découragé de cet état d'inaction, il accepte l'image de Notre Mère Fondatrice. Après une semaine, il pouvait marcher avec une béquille et une canne. On commença une deuxième neuvaine ; de jour en jour il se sent mieux ; le dernier jour il oublia tout à fait la béquille... il n'en eut plus besoin... il était guéri...

Signé : M. S. Winnifrid.
Sup^{re}.

Roma (Italia).

Une Dame souffrait depuis huit mois, d'un « mal interne », avec grandes douleurs. Elle ne se sentait pas disposée à subir une opération que les spécialistes disaient « très difficile et très chanceuse ». Nos Mères lui donnèrent la photographie de Notre Mère Fondatrice, et la Communauté fit une neuvaine.

Elle dut, cependant, se rendre à la clinique pour l'opération ; et voilà ce qu'elle dit : « Oh merveille !... Le Docteur ne trouve plus de tumeur. » Il restait seulement à faire une légère opération. Elle retourna à la maison le neuvième jour, et peu à peu, elle se remit, ne voulant prendre d'autre remède que la prière à Notre Mère Fondatrice.

Signé : *Augusta Cacurri in Gulbis.*

Buenos-Aires, 10 *juin* 1927.

Moi, Marie Deucausse, Française, âgée de 52 ans, commissionnaire de la maison « Santa Felicitas », je devins sourde depuis le commencement de mai 1926. Les Mères me proposèrent de faire une neuvaine à leur Mère Fondatrice. Je la commençai avec promesse d'une offrande pour sa Béatification si je guérissais.

Tous les jours je sentais augmenter ma surdité ; et, par conséquent j'étais bien affligée. Comme je me plaignais au Docteur de l'inefficacité des remèdes il me dit que, ma maladie serait longue, et qu'il me fallait beaucoup de patience. Devant une telle perspective, je commençai une seconde neuvaine avec plus de confiance encore, le jour même de saint Ignace. Le septième jour, je me sentis plus sourde que jamais... Le Docteur, que j'allais consulter, me donna très peu d'espoir ; mais tout de même, je continuai ma neuvaine avec confiance...

Le dernier jour, je descendis à la chambre de mes cousines, et... quelle ne fut pas ma surprise !... « j'entendis, *parfaitement* toute la conversation... » Mes cousines me firent répéter ce que j'avais entendu, et elles furent bien convaincues que, *je n'étais plus sourde...*

Bien reconnaissante à la Mère Fondatrice pour une si grande faveur, j'allai tout de suite à Santa Felicitas apporter l'offrande que j'avais promise.

Après un an, je continue à bien entendre, grâce à la Mère Fondatrice...

Signé : Marie Deucausse.

San Gervasio, Barcelona (Espagne).

Le 25 juillet 1926, la Révérende Mère Provinciale, Mère Saint-Ignace, écrasée par les fatigues et les voyages de ces derniers temps, eut comme une attaque, et tomba sur un fauteuil, soutenue par une Sœur qui se trouvait là. La maladie pût être combattue ; mais la Mère resta dans un état déplorable pendant plusieurs mois. On décida que toute la Communauté ferait une neuvaine à Notre Mère Fondatrice ; et, à la fin de cette neuvaine, les prières

avaient été exaucées... A la joie de toutes ses filles,
on vit la Mère revenir complètement à son état
ordinaire et capable de faire face aux travaux et
aux voyages de sa charge.

Que cette guérison soit un témoignage de la
sainteté de la Servante de Dieu, Notre Vénérée
et bien-aimée Fondatrice. (Deux ans après la
Révérende Mère Provinciale continue bien.)

S. Gervasio, octobre 1927.

Marie de Jésus.

R^{se} de Jésus-Marie,
Assis^{te} prov^{le}.

Espagne.

Un jeune homme fut guéri d'une hémorragie
interne.

Depuis un mois et demi il était entre la vie et la
mort : une nuit sa sœur fit les prières de la neuvaine
à la Vénérée Mère Saint-Ignace, prières que, à
cette fin, lui avait données une de ses maîtresses...
Chose extraordinaire ! Le malade s'endormit aussitôt paisiblement (depuis longtemps il ne pouvait
prendre ce repos) ; et le lendemain il se sentait
si bien, qu'il se refusait à ce qu'on lui fît l'analyse
prescrite par les médecins. Cependant, l'analyse se
fit ; et le Docteur, à sa grande stupéfaction, déclara
que « l'hémorragie interne », c'est-à-dire, *la cause*,
n'existait plus (ulcère à l'estomac).

La radiographie n'accusa que la cicatrice de cet ulcère fermé. Le malade et sa sœur virent en tout cela l'intercession de la Servante de Dieu que, tous les deux, avaient invoquée avec foi et confiance.

Signé : *Maria-Ana-Felisa.*

*R*ᵉ *de Jésus-Marie,*

Madrid, 20 *octobre* 1927.

Ma Révérende Mère,

J'ai un grand plaisir à vous communiquer une « faveur » remarquable que je viens de recevoir de Notre-Seigneur par la médiation de la Mère Fondatrice de votre Congrégation de Jésus-Marie.

Mon mari, peu de temps avant sa mort, avait publié un livre classique dont le mérite fut reconnu par le Ministère d'Instruction Publique. Mais, aussitôt après sa mort, on mit le livre de côté, en sorte qu'il ne se vendait plus ; et je restai avec de nombreux volumes, et la dette de l'édition. Plusieurs années se passèrent sans qu'un seul de ces volumes se vendit.

Un jour j'invoque la protection de votre Mère Fondatrice, lui demandant de m'aider à me délibérer de cette dette qui pesait sur ma conscience... Un jour ne s'était pas écoulé, que je reçois une lettre d'un Professeur de l'Université me proposant d'adopter, comme texte, le livre de mon mari, si je lui fais des conditions avantageuses. J'accepte avec la plus grande joie, voyant en cela le moyen de montrer à l'éditeur mon désir de lui payer ma dette, et je lui propose d'accepter à cette fin, toute l'édition, et qu'il garde pour lui tous les bénéfices de la vente de ces livres.

La réponse de l'éditeur a été qu'il me donne quittance de toute la dette sans restriction...

Que l'Institution du Collège de Jésus-Marie soit bénie !... depuis sa Fondatrice jusqu'à la dernière des Sœurs, et que le bon Dieu accorde à toutes une grande gloire...   Signé : *Carmen Terol.*

Révérende Mère Supérieure du Collège de Jésus-Marie de Santa Felicitas.

Buenos-Aires, 1er décembre 1927.

Le 14 du mois d'avril de l'année dernière, 1926, à huit heures du soir, une indisposition soudaine m'obligea de rentrer à la maison, et de me coucher immédiatement.

Le Docteur Francisco Lamattina fut appelé le même soir ; il revint le lendemain matin, et voyant la gravité de la maladie, il fit venir un autre médecin le Dr Micucci. Après quelques jours de visite, matin et soir, les deux Docteurs demandèrent à ma femme une consultation avec des spécialistes des maladies infectieuses ; à cette fin furent appelés les Docteurs

Francisco Grapriolo et Raoul Vaccarezza. Les quatre médecins réunis déclarèrent que la maladie présentant les complications, il était difficile d'établir un diagnostic sûr.

Ils employèrent tous les moyens que la science prescrit dans de pareils cas ; mais la fièvre persistait toujours, ainsi que mon état d'inconscience ; et ils attendaient le dénouement d'un moment à l'autre.

On peut s'imaginer l'état dans lequel se trouvait ma chère famille ; ma femme, mes frères... Qu'adviendrait-il de mes si jeunes enfants?... Tous demandaient ma guérison à Dieu qui seul pouvait me sauver.

A ces mêmes douloureux moments, mon frère était à l'Hôpital Rivadavia où sa femme devait subir une opération.

C'est là qu'il connut la Mère Nazareth du Collège de Jésus-Marie, qui, elle aussi, devait être opérée. Lorsque cette bonne Mère apprit mon état désespéré, elle s'offrit à faire, avec d'autres religieuses qui étaient là, une neuvaine de prières à Mère Saint-Ignace ; puis, elle donna à mon frère une image représentant la Fondatrice de Jésus-Marie pour qu'il l'a mit sous mon oreiller, ce qu'il fit.

Mon état était désespéré, toute ma famille attendait la fin. Alors mon infirmière Mlle Rosario Tapia, bonne chrétienne, prend l'image de la Mère Saint-Ignace, et la place en face de moi sur une petite table, puis, sans l'ordre d'aucun des Docteurs, elle entoure mon corps, déjà froid, de bouteilles d'eau chaude. A ce même moment, mon corps commence à transpirer. J'étais sauvé !...

La bonne infirmière court communiquer la grande nouvelle à tous les miens qui se trouvaient réunis dans la chambre voisine, et priaient le bon Dieu de me sauver... On devine leur joie !...

La maladie fut alors diagnostiquée facilement : « inflammation simple du poumon droit ».

Elle fut combattue par les Docteurs, et peu de temps après, j'étais en parfaite santé.

Je garde comme une relique l'image de Mère Saint-Ignace à qui je dois la vie. Et en reconnaissance, j'offre...

Aux bonnes et aimables Sœurs qui ont eu pour moi des paroles et des prières de foi, avec gratitude et respect,

Leur attaché et loyal Serviteur,

Signent :

Francisco **Lamattina**,
Médecin.

Renato **Pane**,
Architecte.

Maria de Santa Julia,
Rse *de Jésus-Marie,*
*Sup*re *à* Ste-*Felicitas.*

Rosario **Tapia**,
Infirmière.

Maria de la Esperanza,
Rse *de Jésus-Marie,*
*Sup*re *Prov*le.

Contresigné :

Vicaire Général,
le « sceau » de l'Archevêché de Buenos-Aires.

Guérison obtenue par l'intercession de Mère Marie Saint-Ignace (Claudine Thévenet), le 24 décembre 1927.

Lyon, le 27 juin 1928.

Marie Coutou (en religion Sœur Saint-Laurent), de notre maison de Fourvière, à Lyon, souffrait depuis de longues années d'ulcères à l'estomac, sur lesquels était venue se greffer une tumeur de nature cancéreuse « inopérable » comme l'avait déclaré le docteur Reboul, médecin de la maison. La maladie, étant devenue très grave, ne pouvait se terminer que par la mort à brève échéance. Nous résolûmes de commencer une neuvaine à notre vénérée Mère Fondatrice, avec application sur l'estomac d'une relique de son cercueil. La sœur Saint-Laurent s'unit à nous et avec une grande confiance demanda sa guérison. Le troisième jour de la neuvaine, lendemain de l'application de la relique, 24 décembre, ayant assisté à la sainte Messe à Fourvière, comme elle le faisait d'habitude, elle fut prise d'une crise très forte qui l'obligea à revenir à la maison. Sur l'ordre de sa Supérieure, elle se remit au lit. Tout à coup, ses violentes douleurs cessèrent et après quelques instants elle demanda son déjeûner et elle descendit le prendre au réfectoire à la grande surprise de la Communauté. Les aliments qu'elle ne pouvait plus supporter et garder, passèrent normalement. Elle assista même à la Messe de minuit. De semaine en semaine, son poids augmenta et, de 50 kilogs constatés au moment des grandes crises, il monta à 60 kilogs.

Sans préjuger en rien des décisions de l'Église, nous remercions le bon Dieu et notre vénérée Fondatrice de cette grande faveur, que nous regardons comme un miracle ; chacune des personnes de la maison a pu en constater la réalité et a été témoin du rapide et merveilleux changement opéré dans l'état de santé de notre bonne Sœur Saint-Laurent. Les deux Docteurs qui ont soigné la malade ont témoigné devant la Commission d'enquête, de l'étonnement que leur avait causé cette guérison rapide alors qu'ils la jugeaient impossible.

En foi de quoi ont signé :

Et en toute reconnaissance,

Sœur SAINT-LAURENT,
R^{se} de Jésus-Marie,

Marie de l'Assomption,
R^{se} de Jésus-Marie.
Sup^{re}.

Mme Arthur Drolet, de l'île d'Anticosti, golfe Saint-Laurent, Province de Québec, Canada, fait le récit suivant :

« A la suite d'une fièvre typhoïde qui m'avait retenue plusieurs mois au lit, je souffrais de grandes douleurs aux genoux dont les articulations ne jouaient plus.

« Sur ces entrefaites, m'arrive par ma belle-sœur, Mère Saint-Albert, religieuse de Jésus-Marie à Sillevy, la notice biographique de la Révérende Mère Marie Saint-Ignace. Après lecture de tant de faveurs obtenues, je fais avec confiance une neuvaine à la sainte Mère en appliquant son image sur mes genoux presque ankylosés : je multiplie les sacrifices et les promesses en vue de ma guérison ; et, grâce à Dieu !... j'ai tenu ces promesses.

« Mais, je ne fus pas trompée dans mes espérances, car bientôt je pus circuler tout à mon aise, et vaquer aux soins de la maison. Heureuse de cette assistance visible, je volai au secours de plusieurs malades de mon entourage, publiant le crédit de ma Bienfaitrice auprès du bon Dieu, qui donne dans la mesure de notre foi, et ce ne fut pas en vain. »

Autre faveur, non moins touchante :

« Mon mari, employé du Gouvernement depuis vingt et un ans, projette d'être nommé à Québec, sa ville natale, mais de grandes difficultés surgissent de la part du Gouvernement.

« On propose à mon mari de se rendre plutôt à Gaspé, ou à Rimouski ; et même, on y réclame ses services ; comme il présentait des objections à ce projet, on envoie alors à l'île d'Anticosti deux fonctionnaires chargés de trancher la question.

« Pendant l'entretien de ces messieurs, je redoublais de confiance, et tout mon cœur priait : « Bonne « Mère Saint-Ignace, je vous en conjure, parlez

« pour moi !... gagnez notre cause !... changez les
« dispositions des Ministres !... »

« Quelques jours s'écoulèrent ; et, d'Ottawa
arrive enfin la réponse tant désirée : « Accordé...
« Partez pour Québec... »

« La traversée s'effectua le 30 novembre, sur
le *Fleurus*, c'était son dernier voyage.

« Reconnaissance à la vénérée Mère Saint-
Ignace que j'aime de plus en plus ; aussi, je m'ho-
nore de sa douce protection, comme si j'étais l'une
de ses filles privilégiées. »

Signé : Mme Blanche A. DROLET.

110, rue Richelieu,
Québec (Canada).

Sur la lettre accompagnant ce récit.
Signé : *Marie Saint-Albert,*

R^{se} *de Jésus-Marie,*
à Sillery.

Lyon, le 20 avril 1928.

Ma bonne Mère,

Je viens vous dire notre reconnaissance pour une
grâce obtenue par l'intercession de votre chère
Mère Fondatrice.

Au mois d'août de l'année dernière, une de mes
nièces âgée de 20 ans, fut atteinte brusquement
d'une hémorragie qui, en quelques heures la
réduisit à l'extrémité. Le Docteur, obligé de revenir

une seconde fois dans la nuit, s'attendait à la voir expirer. Elle ne mourut pas, mais resta longtemps entre la vie et la mort.

Désespérées de cet état, nous demandâmes à nos Mères de Lyon de commencer une neuvaine à leur sainte Fondatrice, ce que charitablement elles firent aussitôt. Depuis ce moment, la jeune fille commença d'aller mieux ; et, à présent, elle est pour ainsi dire guérie, à la grande stupéfaction du Docteur qui avait toujours dit, qu'elle ne pourrait guérir sans opération ; l'hémorragie étant due, selon lui, à la rupture d'une artère, rupture causée par un ulcère à l'estomac.

Or, il a beau la passer à la radiographie, pas de trace d'ulcère, et pas d'opération ; ce qui l'étonne au suprême degré. Nous ne sommes point étonnées, car nous savons bien que c'est le résultat des prières faites en notre faveur.

Que Dieu soit béni, et que soit bénie votre sainte Mère ; aidez-nous, je vous prie, à les remercier, et recevez aussi l'expression de notre reconnaissance bien sincère.

Signent : Louise DRAP,
  tante de la jeune fille.
   Augusta FOURNIER, sa sœur.

Avril 1928. Delhi-India.
Couvent de Jésus-Marie.

En novembre 1926, Mère Sainte-Émily commença à souffrir beaucoup de ses yeux ; il y avait inflammation ; elle ne pouvait supporter la lumière, ni se servir de ses yeux pour écrire, lire ou travailler. Cet état empirait graduellement, et en janvier 1927, il devint alarmant. Soudainement, un soir, la Mère sentit dans l'œil droit une douleur aiguë, accompagnée d'autres douleurs nerveuses dans tout le visage. Pendant toute la nuit un liquide coula de cet œil, mouillant six mouchoirs et l'oreiller. L'œil droit dont l'état empirait encore, ne s'ouvrait plus.

De bonne heure, le matin, je bandai ses yeux et la conduisis chez un spécialiste, qui examina les yeux malades, et les trouvant en très mauvais état, prescrivit des gouttes, avec recommandation de ne rien faire, et de rester dans une chambre noire. L'inflammation persistait, et Mère Sainte-Émily dut rester au lit pendant presque une semaine. On continua le traitement longtemps, et sans résultat ; au contraire, l'état de ses yeux empirait toujours, et elle souffrait de plus en plus : il lui arrivait parfois de ne pouvoir même pas lever la tête sur l'oreiller.

Très inquiète, j'ai écrit à nos autres couvents leur demandant, pour sa guérison, une neuvaine de prières à Notre Mère Fondatrice. La Mère Provinciale me donna la permission d'amener Mère Sainte-Émily à Sialkot pour consulter un spécialiste renommé ; nous y arrivâmes le 7 mai ; et, quatre jours de suite, chaque matin, il examina soigneusement les yeux malades sans prescrire aucun remède... mais il déclara que, « tous les symptômes observés précédemment, indiquaient une *crise aiguë de* « glaucome » ; mais que, *quelque chose extraordinaire était certainement arrivé*, puisqu'*ils avaient* TOUS *disparus*, et que *la vision était normale...* »

Je lui demandai s'il croyait aux miracles ? et il me répondit, « qu'il y croyait ». Alors je lui ai dit : « Ceci est certainement un miracle que Notre Mère Fondatrice a obtenu. On travaille à sa Cause de Béatification, et comme on a besoin de miracles pour la soutenir, nous l'avons priée pour cette guérison. »

Le spécialiste parut bien convaincu...

Je regrette de ne lui avoir pas demandé tout de suite un certificat de cette guérison, car, il a quitté les Indes depuis, et je ne sais pas où je pourrais lui adresser une lettre.

Dans tous les cas, on ne peut douter du fait, parce que les yeux de Mère Sainte-Émily sont maintenant parfaitement normaux : elle peut enseigner, lire, travailler, etc., comme auparavant. Son âme déborde de reconnaissance envers notre bien-aimée

Mère Fondatrice pour le recouvrement de sa vue, qui est un des plus précieux dons de Dieu, et dont elle veut se servir dans les intérêts de notre Congrégation jusqu'à la fin de sa vie.

Signé : *Marie Sainte-Colette.*

R^{se} de Jésus-Marie,
Sup^{re}.

L. S. J. M.

Gortnor Abbey. Crossmolina (Ireland.)
May, 1928.

(Guérison inattendue.)

Le Dimanche des Rameaux 1926, la Révérende Mère Saint-Stanislas (1) se mit au lit paraissant atteinte seulement d'un léger refroidissement, mais la grippe et une bronchite se déclarèrent, et le mardi, son état s'était aggravé au point que les deux médecins ne nous donnaient aucun espoir. Le Jeudi-Saint la pleuro-pneumonie fut diagnostiquée, et les docteurs déclarèrent que la prière seule pouvait sauver la malade. Ce soir-là, et le Vendredi Saint, nous pensâmes la perdre à tout moment. Le Samedi Saint, celui qui parmi nous avait gardé le plus d'espoir, notre bon Évêque, déclara que notre Mère était perdue. Le soir, le médecin dit qu'elle ne passera pas la nuit, et sa surprise était grande

---

(1) Mère Provinciale, Irlande.

de la voir encore vivante. Deux fois, ce soir-là, la Communauté se rassembla autour d'elle pour réciter les prières des agonisants.

Pendant ce temps, nos novices commencèrent une neuvaine très fervente à notre Vénérée Fondatrice, Mère Marie Saint-Ignace, et toutes la prièrent avec une grande confiance.

Le plus grand obstacle au succès de ces prières semblait être le désir ardent de notre chère Mère, d'aller au ciel.

A trois heures environ, une inspiration me vint à l'esprit « Pourquoi ne pas essayer une photographie de notre Mère Fondatrice? » Aussitôt, je portai une image à la chambre de la malade, et je demandai à l'infirmière de la placer sous la malade. Peu de temps après, je revins avec notre bon Curé. Je pouvais à peine en croire mes oreilles quand j'entendis la Révérende Mère lui dire : « Si Notre-Seigneur veut que je travaille encore pour Lui, je suis tout à fait résignée à la faire. » C'était le premier rayon d'espoir.

Quand les médecins revinrent le soir, il ne pouvaient pas croire au merveilleux changement.

Oh ! combien nous étions reconnaissantes, et avec quel amour nous nous sommes tournées vers notre Vénérée Mère Fondatrice, la suppliant de compléter la guérison ! Car l'opinion des médecins était que, même si la malade se remettait, elle resterait toujours très délicate. Nous désirions cepen-

12

dant, qu'elle fût complètement guérie pour ses Noces d'or, le 14 mai.

On commença d'autres neuvaines ferventes, et le 14 mai, la Révérende Mère était assèz bien pour assister à la Grand'Messe Pontificale, et pour passer la plus grande partie de la journée avec les visiteurs, et avec sa Communauté.

Pendant ces deux dernières années, elle a été d'une santé parfaite, et elle a porté le fardeau d'une maison très affairée.

Signé : Marie Saint-Gonzague.
(Témoin.)

Marie Saint-Jean.
(Infirmière.)

———

Ballina. Co. Mayo (Ireland).
May. 1928.

(Témoignage du médecin.)

Le 30 mars 1926, j'étais appelé près de la Révérende Mère Saint-Stanislas (1), et je la trouvai malade de l'influenza et d'une bronchite généralisée. Je craignais que la pneumonie ne s'ensuivit, et elle se déclara deux jours plus tard. Son état devint rapidement grave, le cœur commençait à lui manquer, en même temps que la pression du sang diminuait ; les bases des deux poumons étaient devenus

———

(1) Mère Provinciale, Irlande.

œdemateuses, et, comme cela doit être attendu dans une malade d'un âge assez avancé, sa mort semblait certainement imminente.

Dimanche, à ma très grande surprise, je trouvai ce que je puis seulement appeler une amélioration miraculeuse, et qui ne doit être imputée qu'à des interventions surnaturelles.

J'affirme ici que cette guérison n'était certainement pas due à l'habilité humaine, mais à un vrai « miracle » ; j'affirme aussi que la Révérende Mère a été en santé parfaite depuis ce temps-là.

Signé : Francis KEANE.

M. D. (Hons.) D. P. H.

A. M. D. G.

PRIÈRE

pour obtenir la Béatification de la Révérende Mère

MARIE SAINT-IGNACE

(CLAUDINE THÉVENET)

Mon Dieu, nous vous en supplions par le divin Cœur de Jésus et par le Cœur immaculé de Marie, daignez glorifier votre servante Marie Saint-Ignace, qui les a tant aimés et si fidèlement servis, surtout par la pratique d'une humilité profonde et d'un zèle ardent pour le salut des âmes, et veuillez nous accorder les grâces que nous vous demandons par son intercession.

Ainsi soit-il.

IMPRIMATUR :

FR. ALBERTUS LEPIDI, O. P.
S. P. AP. MAG.

NOTE : Les personnes qui seront favorisées de quelque grâce par l'intercession de la Servante de Dieu, sont priées d'en envoyer le rapport à la Maison Mère à Rome ; adressé à Mme Mandri, Via Flaminia, 399.

Une VIE plus complète

est en préparation

TABLE DES MATIÈRES

Lyon, Imp. Em. Vitte, 18, rue de la Quarantaine. — 4.811.

DESACIDIFIE
A SABLÉ - 2010

www.ingramcontent.com/pod-product-compliance
Ingram Content Group UK Ltd.
Pitfield, Milton Keynes, MK11 3LW, UK
UKHW021638170726
13836UKWH00005B/2262